修德修性之书　女性必读之书　研究历史之书　后宫秘闻之书

名后惊艳

慧子 编著

青海人民出版社
QINGHAI People's Publishing House

图书在版编目(CIP)数据

名后惊艳 / 慧子编著.—西宁:青海人民出版社,2011.12
ISBN 978-7-225-04009-7

Ⅰ.①名… Ⅱ.①慧… Ⅲ.①后妃-列传-中国-古代
Ⅳ.①K828.5

中国版本图书馆 CIP 数据核字(2011)第 209053 号

名后惊艳

慧子 编著

出版发行:青海人民出版社(西宁市同仁路10号)
邮政编码 810001 总编室(0971) 6143426
发行部(0971) 6143516 6110055

印　刷:北京市德龙公防防伪印刷厂

经　销:新华书店

开　本:787mm×1092mm 1/16

印　张:12.75

字　数:190 千

版　次:2012 年 3 月第 1 版

印　次:2012 年 3 月第 1 次印刷

书　号:ISBN 978-7-225-04009-7

定　价:29.80 元

目　录 contents

貌丑才俊的王后钟离春

名后小册子：钟离春，齐国无盐邑人，因此又叫钟无艳，是中国历史上有名的四大丑女之一，也是历史上以丑闻名的贤皇后、政治家。她帮助齐宣王振兴齐国，而齐国王后的身份更让她的一生充满了传奇的色彩。

奇才钟立春

“娶妻娶德，娶妾娶色。”此为古代流传下来的一句谚语。现代文明社会实行一夫一妻制，所谓的“娶妾娶色”，已经是不可能的事情；但是找终身伴侣，德行比美色重要，依旧是颠扑不破的至理名言，甚至于找一个颇丑陋的也不妨事。长相不好的女子，常常有着特殊的才能，可以让做丈夫的一生一世受用不尽，所谓的“丑妇家中宝”，便是这个意思。

钟离春是中国历史上有名的四大丑女之一，她生得臼头深目，长指大节，卯鼻结喉，肥颈少发，折腰出胸，皮肤如漆。她快到三十岁的时候还没有出嫁，但她也是历史上记载的有名的中国首位女政治家。齐国王后的身份更让她的一生放射出传奇之光……

钟离春的长相很丑陋，而她的才华却举世无双。

她的父亲曾是齐国的军官，受她父亲的影响，她从小不爱针线，却喜欢枪棒，习《易》术。但她才华出众，素有大志，有安邦治国之才。她本来有个名字叫钟离春，因生得太丑，又出生在无盐，大家就都把她叫做“无盐”，反而忘记了她的本名。

假如没有她，齐宣王还仅是一位不理朝政、花天酒地、无所事事的君王。正是因为有了她，齐宣王才没有继续往下堕落，齐国也没有过早地衰败。她给了齐宣王当头一棒，她的诤诤谏言让齐宣王幡然醒悟；她倾尽心血的辅佐让齐国实力大增，成为一时的“千乘之国”。她母仪天下，任何美女都无法超越她。

钟立春初见齐宣王

春秋战国时代，侵扰兼并，你争我夺，用现在话说就是“竞争激烈”，不同的是那时候是你死我活，非常残酷，各诸侯国的“民本思想”皆很是盛行，一介黎民百姓，也能毫不顾忌地求见君王，陈说自己的愿望，给国家的施政方针提出建议。

当时齐国的齐威王死了以后，子辟疆即位，是为宣王。齐宣王即位后，重用田忌，启用孙膑，整顿国政。后又救韩败魏，射死魏国的大将庞涓，诸侯无不骇惧，多年政通人和，齐国雄威大振。这时候的齐宣王很是骄傲和沉醉，整日耽于酒色，还在城内筑雪宫宴乐，还辟郊外四十里专为苑囿狩猎。又聚游客几千人在稷门立左右讲室，日事议论，不务实政。致使嬖臣专权，忠臣灰心，齐国渐趋走向衰败之势。

钟离春是个关心国事的姑娘，心里非常着急，于是便决定去面见齐宣王。

一天，齐宣王在雪宫大摆宴席，盛陈女乐，很是煊赫排场。钟离春来至宫门以外，说有很重要的事要面见齐王。守门卫士看她长得那么丑，不让她进，还说她是“天下强频之女也”。

她说：

“我是齐之无盐人，叫钟离春，年三十余，择嫁不得。闻大王游宴离宫，特来求见，愿入后宫，以备洒扫。”

于是，守门卫士便奏报宣王。钟离春被招了进去。

大臣和侍宴的人们见她长得丑，全都捂着嘴笑：“这样的女人还想嫁大王！”

宣王问：

“我宫中妃侍已经够了，你貌丑不容于乡里，以布衣之身想见千乘之君，难道你有特殊的才能吗？”

钟立春说：

“我没有什么特殊的才能，但我有隐语之术。”

齐宣王大为惊奇，说：

“你演示给孤看，若是所言不实，骗孤，就会把你推出去斩了。”

钟离春很是镇定，她扬目炫齿，反复举着手，拊膝大叫，说：

“危险啊，危险啊！”

宣王不明白她是什么意思，问群臣，也都迷糊不解。宣王便把钟离春叫到自己跟前，令她说明。钟离春说：

“大王赦我不死，我才敢说。”

宣王说：

“你就尽快说吧，孤赦你不死。”

钟离春说：

“大王有四失。我扬目，说明烽火之变；炫齿，说明王惩扞谏之口；举手，说明王挥谗佞之臣；拊膝，代王拆游宴之台。”

齐宣王大怒：

“拉出去砍了！”

无盐女没有一点害怕的样子说：

“我请求大王容我说明大王四失的详情，您再杀我。”

齐宣王说：

“你说吧！”

钟离春道：

“我听说秦国任用商鞅变法，国家富强，很快就会兵出函关，和我们齐国发生战争，大王内无良将，边备渐渐松弛，一定就会遭难，所以我扬目。我听说‘君有诤臣，不亡其国；父有诤子，不亡其家’，大王内耽女色，外荒国政，不纳忠言，所以我炫齿为王受谏。且大王信用阿谀虚谈的人，我担心会误了社稷，所以举手为把他替王挥去。大王建宫囿，台榭陂池，用尽民蓄，虚耗国赋，所以拊膝代王拆掉。大王您这四失，危如累卵，可还不自知，且偷目前的安乐不顾以后之患。我冒死上言，如果能被采纳，纵然死了也没什么遗憾。”

齐宣王听完钟离春这番话，就像大梦方醒一样，大为感动，叹说：

“假如没有钟离氏的话，我还真不明白我的过错！”

于是，齐宣王当时就把宴席给撤了，用车把钟离春载至后宫。以占卜之术选择了良辰吉日，立钟离春当王后。并且“停渐台，罢女乐。退谄谀，去雕琢。选兵马，实府库。四辟公门，招进直言，延及侧陋。”

于是，齐国大治。齐宣王说：

“齐国之所以能够大治，主要是丑女的功劳。”

还说：

“丑女不丑也！”

并且把无盐城封给了钟离春家，让钟离春当无盐君。后人又把她称为“无盐娘娘”。

直到现在，民间广泛地流传着“无盐娘娘长得丑，她为齐国定邦基”的佳话。

附：

民间流传的钟无艳初见齐王的故事

民间流传的钟无艳初见齐王的故事是这样的：

说是齐宣王为战国时代齐国很有政绩的国王，他虽然没有采纳孟子的政治主张，但还是把他当作上宾并留在自己身边。齐宣王极喜欢养士，他常常把天下的名士聚集在自己的身边，像淳于髡、接予、慎到、田骈、环渊全赐列第，当上大夫。齐宣王还非常喜欢听这些名士讨论自己的学术与政治主张，他勤勉好学，《孟子》里记载了宣王和孟子的许多问答，这些皆说明齐宣王是一个非常想在历史上有所作为的人。但是，民间能够记住这位君王的，并不是因为他的政绩，而是因为他的老婆，一个历史上独一无二的老婆——钟离春。

钟离春极丑，额头往前突出，双眼向下凹陷，鼻孔朝上翻翘，头大，发稀，脖子上的喉结比男人的还要大，还是个佝偻腰，胸部特别大，皮肤黑红，不知是人还是妖，压根令男人就害怕的那样女人。

钟离春也就是由于自己的丑陋，顺理成章地嫁不去，成了剩女，到了四十岁的年纪，还没有人表示要娶她。因此她流离失所，没有容身的地方，极是可怜。不过，钟离春却是个大胆的女人，她依然坚强地在追寻着自己的幸福。而且钟离春也实在有一项绝技，后来她有了一个非常大胆的想法，她想："既然民间没人愿意娶我，那我为什么不去嫁给齐王呢？"

钟离春便到了临淄，这时候，齐宣王也正在发榜招贤，钟离春便去揭了榜，对守卫说："我是齐国最最优秀的女人，听说君王的圣德，我愿意为大王去管理后宫，希望大王能够允许。"

这句话一说出来，就轰然传开了。人们纷纷议论着："疯了！连老百姓都不愿意娶的丑女，还梦想着嫁给齐王，痴人说梦吧。"

谁想这梦也会成为事实！

消息很快就传到了齐宣王的耳朵里，齐宣王求贤若渴，他想，虽然是一介女流，但是敢说出这样的话来，就肯定有什么奇能！因此齐宣王就在渐台之上置了宴席，准备接见这位钟离春。

当钟离春走进渐台的时候，齐宣王周围的人全被她的相貌惹得笑了起来，想这样丑陋的女人，真是没有自知之明。大家都还以为是个什么样的美女来竞聘娘娘，没想到是个丑八怪。异哉，这样的女人头一次见。

但是齐宣王依旧召见了钟离春，而且从头到尾，人们也没有看到齐宣王对于钟离春的不尊重，齐宣王只是想婉言谢绝钟离春想做娘娘的要求而已。

"当初，先王已经给寡人娶了许多妃子，如今妃子的位子已经满了。现在姑娘，连民间的男子都不愿意娶你，你却要当寡人的后宫之主，请问你有什么奇能吗？"

钟离春胆子很大，说："我没有什么特殊的才能，只是因为大王高义，所以才来。"

齐宣王没有办法，只好和她继续周旋下去，问道："那你擅长什么？"

钟离春说道："我会隐身术！"

钟离春一说会隐身术，齐宣王便有了兴致，隐身术？这是一般人都学不会的法术！不是骗子吧？居然骗到寡人这里来了。便说："隐身一直是寡人的愿望，能否在寡人面前试上一试？"

还没等齐宣王话说完，钟离春便没了踪影。

齐宣王大为惊奇，到处找钟离春都找不到，这下他相信了，赶快跑回房中，翻阅有关隐身术的书籍，又按照其中的方法去做，却无法成功。

齐宣王明白了钟离春是位高人，第二天一早，他便派人再次找来了钟离春。钟离春就开始了她的第二次表演。

齐宣王本来想问问她隐身术的奥秘，但是钟离春却压根没往这上面说，她突然白眼上翻，把牙露出来，一边拍着膝盖一边说："要出大祸了，要出大祸了！"这样的动作，这样的话，钟离春重复了四次。这可把齐宣王吓坏了，昨天已经见识了钟离春的异能，现在就不敢不信她的话了。齐宣王两牙打着颤说："你说详细一点！"

然后，钟离春开始了她的第二项神功：政治家附体。她说：

"如今的齐国，国外西有秦国虎视雄雄，南有强楚就要动手。而国内呢，您身边的都是一些奸臣，而百姓并不能诚心诚意地依附在您的身边。现在您年过四十了，却不给自己立继承人，不教导众子，却整天泡在女人堆里，一旦您有个不测，齐国必然大乱，这是第一个大祸。兴筑渐台，高到天上，再饰彩缎丝绢，再缀黄金珠玉，玩物丧志，利令智昏，这是第二个大祸。贤良都到逃山林里不敢出来，谄谀环伺在周围，忠言不能通入，说论难以听闻，这是第三个大祸。花天酒地，夜以继日，女乐绯优，充满宫掖，外不修诸侯之礼，内不秉国家之治，这是第四个大祸。这四个大祸是不是大祸之极了呢？"

齐宣王听完后，吓得是一身冷汗，也很是羞愧，没想到这么一个丑陋的女人，却说出了这么多这么正确的道理来。于是齐宣王喟然而叹："可叹啊！无盐姑娘这番话，今天寡人才听到！"

以后齐宣王开始改变自己，他把渐台拆了，女乐罢了，谄谀退了，雕琢去了，选兵马，实府库，四辟公门，招进直言，延及侧陋，卜择吉日，立太子。而最让人没有想到的是，齐宣王居然答应了钟离春的要求，让钟离春顺利的当了自己的王后。这让齐国的所有的人把眼睛珠子瞪了个溜圆，差点没掉出来，他们就是不明白自己的君王是怎么想的。

制造人彘的女政治家皇后吕雉

名后小册子：吕雉（前241年—前180年），秦朝末年单父（今山东单县）人，汉高祖刘邦称帝以前的结发妻子，刘邦称帝后，被封为皇后。她的个性刚毅，有心计，善权谋。惠帝即位后，被尊为太后，且独揽大权。但是她执政期间取得了天下晏然的政绩，也是历史所肯定的。

结发之妻 稳坐后位

吕雉是汉高祖刘邦的皇后，在历史上算是个相当成功的女政治家。吕后的一生非常复杂，充满了传奇的色彩。

实际上，吕雉也是一个美丽的女子，而且出身不错，又贤惠端庄、任劳任怨，可谓是上得厅堂，下得厨房。

吕后原来的理想也是相夫教子，做个贤妻良母；可她身边的男人却一次一次地伤害她，而她，不得不在这一次次的伤害当中成长起来，由一个温良恭俭让的少女变成了一个手腕强硬的政治家。

年龄的悬殊倒也不是问题，可是刘邦原本就是一个吃喝嫖赌的浪荡子。而且吕雉的父亲这样选择自有他的道理，因为他从刘邦的流氓习气当中看到了他的政治天分，会成大事。史书上说，因为吕雉的父亲懂得看相，认定刘邦有帝王之相，因此不顾一切，招下了这个女婿。

刘邦白捡个白嫩漂亮的媳妇当然高兴得不能行，成天是走路都哼着歌，据说这就是他后来的《大风歌》的基础。吕雉的母亲心疼自己的女儿，哭哭啼啼地不愿她嫁给刘邦，而吕雉本人却没有什么不同意的，此时的她，还是一个听话的好女儿。

嫁给刘邦，吕雉内心里多少有些委屈。

那时候是因为吕雉的父亲吕公，在原籍得罪了人，为了躲避仇家，投奔好友沛县的县令，并把全家迁居到了沛县。吕雉虽然逃难到沛县，但还有县令可以依靠，在沛县，好歹也算是个富裕之家。刘邦算个什么？不管从哪方面看都只是小人物。一个小小的亭长俸禄本来就低，外加吃喝嫖赌样样不缺，哪能养活一家人？刘邦和吕雉结婚以后，刘邦总是为了公务或者是和朋友们喝酒聚乐，三天两头不见人影。织布耕田，烧饭洗衣，孝顺父母和养育子女，全靠吕雉一人。一次，刘邦在押解囚犯的路上因自己喝醉酒而让囚犯逃跑了，自己也只好亡命芒砀山沼泽地。贤惠的吕雉除了独立支撑家庭以外，还不时地要长途跋涉，为丈夫送去衣物和食品。据说刘邦隐藏的地方，时常有一片云气笼罩着，此时的吕雉看到这片云，也好生奇怪，内心里也便相信了父亲当初曾对她说过话，“这个女婿不是凡人！”因此一腔愁苦化作一片希望，她追踪着那片云不舍，总会寻找到自己的丈夫。

果不其然，后来天下大乱，刘邦率众进入沛县被拥立为沛公，吕雉当时也被尊称为吕夫人。等到刘邦攻进咸阳，被西楚霸王项羽封为汉王，吕雉又晋升为王妃。此时的吕雉很佩服自己父亲的眼光，他刘邦真不是个凡人！

然而吕雉并没有过上舒心的日子，在接下来刘邦和项羽打得不可开交的战争当中，吕雉成了项羽的俘虏。甚至在项羽把吕后押到两军阵前，以烹杀吕后来威胁刘邦之时，刘邦居然还气人地笑嘻嘻对项羽说：

“我们是结拜兄弟，我妻即你妹，你爱杀就杀，悉听尊便！再说了，天下的女人多了，都可以成为我妻！”

项羽乃大丈夫，看刘邦如此无赖，真实拿他没办法。回顾吕雉，竟有些同情这位可怜的女人，怎么嫁了这样一个人做丈夫！因此也便没再杀她。

此时吕雉听了刘邦这番无情无义的话，心都碎了，想当初自己怎么就嫁给这样一个混蛋！一日夫妻还百日恩呢……若不是被绑被囚，真想往士兵挺着的刀尖上一冲，就此完结！

吕雉婚后的日子，生活实在多艰，饱经忧患，经历了重重困境，然而这段艰苦岁月并没有把她给击倒，反而增进了她不凡的胆识和政治阅历。史书称吕后为人“刚毅”，确实是很有道理的，并且这种“刚毅”的性格在吕后后来的人生道路上发挥着很大的作用。

及至楚、汉罢兵言和，以鸿沟为界平分天下，项羽才将吕后归还刘邦，对吕后来讲，真是恍如隔世。那时候吕雉却不愿回去，说宁死也不愿再看到这个无赖。还是项羽劝她说：

“你和刘邦毕竟是结发夫妻，你不回去，你一个女人家又当如何？”

吕雉想了所有，终于还是归了汉营。

后来刘邦毁约，重新开战，最终在垓下的战斗中打败了项羽，建立了西汉王朝。刘邦当上皇帝，吕稚也就顺理成章地当上了皇后。看来刘邦对她并非是无情，刘邦就是这么一个人。

剪灭异王　江山永固

从汉五年当上皇后起，吕后当了八年皇后，八年皇太后，八年称制，吕后的统治占了汉初的二十几年。

刘邦当上皇帝以后，把执掌兵权的韩信看成了心腹之患．先用分封诸侯王的办法让韩信交出兵权，回到封地。然后，又找借口将韩信贬成淮阴侯，且押回京城软禁起来。韩信感觉很是窝心，便假说有病，不出来。

汉高祖十年，代国丞相陈豨起兵造反，刘邦亲自率军出征。京城宫廷一切事务，内交皇后吕雉，外交丞相萧何代理。吕雉不敢有半点松懈，每日一上早朝，就和大臣们商议军国大事，退朝以后又忙于批阅文书奏章，一直到深夜。

一日，吕雉收到一份密报，是吕雉安插在韩信身边的暗探之密报，说：不久前，陈豨秘密进京和韩信密谋，计划先由陈豨在代国起兵，乘刘邦带兵讨伐的时候，再由韩信率兵杀进未央宫，诛杀吕后和太子，一举推翻汉室江山。吕后看后，大为吃惊，连夜召萧何进宫商量怎么办。吕雉流着眼泪对萧何说：

"皇上远离京城,如果让韩信得逞,不但我们母子死无葬身之地,恐怕黎民百姓又要遭受离乱之苦。请丞相赶紧用计消灭叛逆!"

萧何和韩信私交甚好，今见韩信犯了死罪，难以狠下心来把他剿灭,然而吕后一番义正词严的话语又怎能不让他放弃私情?他想,自己身为丞相,怎能不以江山黎民为重,而庇护叛逆?便说:

"为国尽忠,是臣的职责!"

萧何和吕后密谈到深夜。

数日以后,一名将士风尘仆仆奔进京城,直奔吕后居住的长乐宫。他自称是皇上由前方派来的特使,向皇后和大臣们传捷报:

"反贼陈豨已经被荡平,皇上很快就会班师回朝。"

第二天一大早,未央宫里就笙鼓齐鸣,宫门大开,文武大臣鱼贯而进,上殿向皇后贺喜。不一会,韩信也半信半疑地来了。刚入殿门,两边就猛扑上来一批勇健武士,把韩信给活捉了。韩信连忙大呼:

"萧丞相救命!萧丞相去哪里了?"

此时的萧何早已经不见了踪迹。武士们如狼似虎地把韩信拥到吕皇后面前。吕后杏眼圆睁怒视着韩信,厉声斥道:

"无义逆贼!我汉家对你不薄，为什么一而再，再而三地密谋造反?"

韩信大叫冤枉。吕后立即喝令:

"今奉皇上诏令,把逆贼韩信即刻枭首,诛三族!"

韩信直到这个时候,才知道中了萧何的"奸计",真是后悔莫及。原来，刘邦遣使报信都是假的，目的都是为了要骗韩信进宫然后进行擒拿。韩信原本心虚不欲来,是萧何亲自去把他哄来的。韩信前思后想,不禁潸然泪下:

"真是成也萧何,败也萧何啊!"

剪灭韩信大功告成,这让吕雉看到了自己参与朝政的能力。她想到儿子刘盈懦弱仁孝，以后继承皇位，这些功高权重的异性诸侯王怎肯向他委屈称臣?她打定主意,趁刘邦在位的时候,设法要把几个异性王一个一个地给予剪除,来确保儿子的皇位。

过了几个月,吕后接到心腹宦官的报告说梁王彭越要谋反,然而经廷尉审讯,梁王并没反的意思,所以皇上就免去了彭越的死罪,废为庶人，发配蜀中。

然而，吕雉还是喜忧参半。喜的是又一名异性王落了马，忧的是落马不死仍为心腹大患。于是她不顾暑天溽热，马上出宫直奔刘邦居住的洛阳。可巧，当她的车驾走到郑地的时候，就见官道上几名军人押解一名犯人远远地走来。这名身穿囚衣、披枷戴锁的犯人正是彭越，吕雉赶紧命令车驾停下，装作很是吃惊的样子说道：

“梁王所犯的什么罪，竟然这样对待梁王？！”

彭越看见吕雉，忽觉一线希望，又听吕雉说出如此关心自己的话，真是百感交集，便一身委屈地匍匐在地上哭泣道：

“臣不幸遭小人陷害，多亏皇上开恩，发配蜀中。可这一去就是几千里，不知什么时候才能回归故里。乞请皇后奏明圣上，把罪臣放回昌邑故里，臣感激不尽。”

说完，很是叩头，不起。

吕雉作出很了解很同情他的样子，慨然答应，命令侍卫牵过马匹来，给彭越骑上，让他跟在车驾后面，直奔洛阳而来。

进了南宫，吕后一直来到刘邦的寝殿。刘邦正和宠妃戚夫人坐在一起喝酒快活，不料吕雉猛然赶到，不由露出怒容。吕雉哪顾这些，对刘邦说道：

“梁王彭越谋反，陛下不治死罪恐怕终有一患，所以匆匆赶来。”

刘邦不假思索说：

“彭越谋反，查无实据。孤念他在垓下之战的时候，截断楚军粮道，烧毁楚军粮草，让项羽粮绝，败死垓下，且饶他一命。”

吕雉连连摇头说：

“彭越是一大英雄，怎会就此认罪？如果把他发配蜀中，万一再图谋反，借着天府之地，兵精粮足，只怕陛下没有大将能敌得住他！”

刘邦一听，颇觉有理，思忖了好一会儿，又听吕雉说道：

“太子仁孝，望陛下为汉室的长治久安多做思量！”

一句话切中要害，刘邦便痛下决心要杀死彭越。

可是要杀死彭越，一时又找不到新的借口。吕雉忙说：“陛下不要烦恼，臣妾自有安排。”

吕雉一面派人指使押解彭越的人告发他中途策反，一面密令廷尉从严治罪。

此时的彭越正眼巴巴地等着吕雉替自己说情，万没有想到几天之后，一道诏令，竟是："马上枭首示众，诛三族。"他明白上了吕雉的当，但为时已晚。咬牙切齿道：

"相交这么多年，没有看出此妇人是如此之毒！"

彭越死后，刘邦还让人把他的尸身剁成肉酱，分赐给各路诸侯王，以示警告。

不久，刘邦又顺利地消灭了淮南王英布的叛军。至此，刘邦手下的三员大将，异姓王中势力最大的韩信、彭越、英布尽皆剪灭。刘邦这才安下心来，认为汉室江山从此能够稳定了。在这个过程当中，吕雉的心略也深为刘邦所认识——除刚毅有谋、善审时度势、行事果断之外，更有心狠手辣的一面。

深得帝宠　欲争储君

汉高祖刘邦总是在外边打仗，随军帐幕里肯定有不少美丽的女人，像薄姬、戚姬、曹姬等。

一个人既然当了天子，广有四海，有一些女人侍候，在古代好像也是很自然之事，吕雉也晓得此理。

然而皇宫本来就是权力场，当中斗争的残酷一点也不比刀剑相交的战场上逊色，并且吕后本身就是一个权力欲极强烈的女人，一旦发生实质性的利害冲突，甚至影响到自己以后安全问题的时候，她就会觉得如坐针毡，难以寝食。

最大的问题出在戚姬身上。

原来，当年项羽于萧地攻击汉军，刘邦和残军败将溃逃到灵璧东的睢水之左。沿睢水向东北方向奔驰，到取虑(今睢宁)境内，刘邦无路可逃，忽见芦苇丛里有一眼废井就跳下马来把马赶走，然后自己就跳到了这眼废井里。项羽的追兵走后，刘邦被戚姓父女自井里救出来，这就是：

"戚氏女垂僵系主，汉刘邦掘穴而上。"

刘邦躲在戚家很多天，看戚家姑娘非常美丽，与她不用媒人说合就在一起了。刘邦很是感激戚姬的救命之恩，便把一块玉佩当作聘礼，发誓说得了天下之后必然来迎娶，一定不会说空话。

后来，戚姬生下了一个儿子，取名叫如意。公元前201年，刘邦于山东定陶当上皇帝，戚父带着戚姬往定陶和刘邦完婚。刘邦封吕雉为皇后，封戚姬为夫人。以后刘邦封如意当代王，然后又让他改当赵王。吕雉看皇上有偏爱赵王如意之意，又担心皇帝会另立太子，就很是愤恨戚姬的得宠，只怕自己所生的儿子刘盈的太子之位不能保全。

刘邦当了皇帝的时候，吕雉也已经年老色衰了，刘邦已经开始厌烦她了。刘邦每次出游，全是由戚夫人陪着，把吕后留到宫里，鲜为碰面，使两人之间感情也一天天淡了。刘邦喜爱戚夫人，每天揽到怀里亲密。戚夫人貌似西施，能弹奏各种乐器，舞技极高，她最擅长跳的是“翘袖折腰”的舞，由出土的汉画石像当中可以看出，她的舞姿优美，甩袖及折腰全有很高的技巧，并且花样繁多。戚夫人起舞的时候只见两只彩袖凌空飞旋，娇躯翩转，非常具有韵律美。那时候有《出塞》、《入塞》、《望妇》等曲，一经戚夫人嘴里唱出，婉转悠扬，令人神往心驰。《西京杂记》载：

高帝戚夫人，善鼓瑟击筑。帝常拥夫人倚瑟而弦歌。夫人善为翘袖折腰之舞。歌出塞入塞望归之曲。侍妇数百皆习之。后宫齐声高唱，响彻云霄。

这时候如意年已经十岁，刘邦想让他到封地，戚夫人没有说话，泪先出来了，引得刘邦柔肠百转，就婉语对戚夫人道：

“你是为了如意儿吗？孤原想立他当太子，但是废长立幼，名义上还不顺，只好从长计议！”

戚夫人听了这些话，干脆失声啼哭起来，娇啼婉转，很是悲楚。刘邦既疼又爱，禁不住脱口道：

“勿哭，勿哭，孤这便让如意当太子。”

次日临朝，刘邦便说出要废刘盈立刘如意的事情。

大臣们全极为反对，黑压压地跪了一大片，齐声力争说：

“皇上，古今通例是立嫡以长，并且东宫册立这么长时间了，也并没有什么过错，不能无缘无故地废立！”

刘邦不答应，即命词臣马上草诏。

但是这个时候，突然听到一个声音大声道：

“不、不……不可！”

刘邦一看，原来是说话结巴的周昌，就问：

“你只说不可两个字，到底是什么意思？”

周昌急得脸红脖子粗，越急越说不出口，憋得面上一阵青一阵紫，好一会儿才挣出几句话：

“期、期知不可行。陛下想废太子，臣期……期不奉诏！”

刘邦禁不住大笑起来，满朝文武听他“期期”的声音，也暗笑不止。刘邦笑了番后，心里一阵苦涩，只好退朝罢议。

周昌于殿外碰上宫监，宫监说是皇后有请，周昌就去了后宫。看到吕雉刚要上前行礼，谁想吕后突然倒给他跪下了，吓得周昌一时不知如何是好，赶紧屈膝趴在地上。吕后说：

“周大人请起，哀家感大人保全太子之恩，因此致谢！”

周昌直言说：

“为公不为私，哪敢受这样的大礼？”

吕雉说：

“今天如果不是大人力争，太子只怕已经被废掉了。”

原来吕雉早于殿厢暗听朝政，因见周昌力争，方能罢议，不由得感激涕零。

退朝以后，戚夫人很是失望。刘邦说：

“朝臣没有一个赞成的，即便是改立如意儿，如意儿也不无法安坐在皇位之上，容孤再慢慢来吧。”

戚夫人哭泣说：

“妾并不是一定要废长立幼，只是我们母子的性命，全悬于皇后的手内，只望陛下一定要想办法给予保全！”

刘邦安慰说：

“没事的，我会想办法的，绝对不让你们母子受苦。”

戚夫人这才敛了泪水，耐心等待，刘邦想了好几天，还是想不出什么好办法，日日愁闷无聊，只和戚夫人相对叹息，唏嘘不止。

刘邦于个人感情和正统原则当中徘徊了数年，心里边很是不幸福。掌玺御史的赵尧，琢磨到刘邦心事，就推荐周昌当赵王相，原因是周昌平时被吕后和太子及内外大臣所敬畏，让他保护赵王，便不会出什么问题。刘邦满口赞成说：

"真是太好了，就召周昌当赵相。"

周昌便奉赵王如意出都城去往封地。赵王如意和戚夫人告辞的时候，戚夫人又有不少眼泪流下来。

刘邦讨伐英布以后，箭疮复发，于长乐宫一歇就是几天。戚夫人不分昼夜地伺候，看刘邦不住地呻吟，极为担忧，当下再三恳请皇上保全自己母子性命。所以重提旧事，决议立废。太子太傅叔孙通进宫力谏说：

"以前晋献公宠爱骊姬，废掉太子申生，致使晋国乱了好几十年，秦始皇不早立扶苏，才会灭祀，这都是陛下极为明白的。如今太子仁孝，这是普天下的人都知道的，皇后和陛下，同患难共甘苦，仅生太子一位，怎么能毫无理由地废掉呢？如果现在陛下一定要废嫡立庶，那么臣求先死！"

说完就要用头往殿柱上撞去。刘邦赶紧拦住，说：

"朕不过是说句笑话，爱卿怎么当真了？千万不要误会太过了！"

叔孙通这才作罢，说：

"太子为天下之幼主，幼主如不稳，天下就会混乱，皇上怎么能拿天下来开玩笑呢？"

刘邦只好说：

"朕听卿的话，不废立太子了！"

期间，大臣们，也都上书力谏，刘邦不好强违众意，又不能拒绝戚夫人，只好拖延过去。

吕后为了稳固太子的地位，又向张良求教。张良出计，请出商山四皓，以让太子在朝廷的地位显得更加稳固而不能动摇。"商山四皓"就是商山当中的四位白发隐士，为避秦乱而先后在山林结茅。刘邦病好后，在宫中摆宴，让太子侍宴。太子应召进宫，四皓一起前往。刘邦内心这一下吃惊不小，当得知这些人就是商山四皓的时候，就晓得太子羽翼已成，是不可能再废的了。但是他想到心爱的戚夫人，心里又很是不好受，于是勉强喝了一点酒，草草罢席。

戚夫人听刘邦陈说了事实，当即泪流满面。刘邦说：

“卿不要悲伤，须知人生由命，富贵在天，你先给孤跳支楚舞，孤给你唱楚歌。”

戚夫人无有办法，只好流着泪飘扬翠袖，轻盈回舞。刘邦沉思了一会儿，歌词已在胸中，当即高声唱道：

“鸿鹄高飞，一举千里。羽翼已就，横绝四海。横绝四海，当可奈何！虽有缯缴，尚安所施！”

他一连唱了四次，音调凄怆。戚夫人听着语意，更觉悲从中来，不能成舞，伏地痛哭，泪水就像山洪暴发了一样。

怀恨在心 戚为人彘

以温柔著称的戚夫人怎么能够斗得过在血雨腥风中闯过来的吕雉！

大汉那些王朝的开国将相，都曾和她共过患难。而戚夫人唯一的依靠只是刘邦一人，可悲的是刘邦真的不是万岁之身，他终有倒下的一天。

而这一天又来得是多么快啊！

曾经想要取而代之的戚夫人，她连枯坐冷宫的“运气”都轮不到，而是被剃成光头、用铁链系了脖子、穿上土褐色的囚衣。白天在宫院里捣米，晚上就被牵着铁链锁进“永巷”（宫中监狱）严加看管。

戚夫人自来没有遭受过这样的折磨，更不能忍受如此的耻辱。她多年来一直都是汉宫里的一朵鲜花，被刘邦百般宠着爱着，因此她也便不懂得忍耐，更弄不明形势，不晓得吕雉的实力是多么的强大。

这样，戚夫人便作歌，天天不住地唱：

“子为王，母为虏，终日舂薄暮，常与死为伍！相离三千里，当谁使告汝！”

她还在希望，会有人将自己受虐的消息报告给自己做王的儿子，让他带兵来给自己报仇雪耻。

既然有这个想法，戚夫人这首歌自然是从来不背着人唱的，人越是多，她越是唱得起劲。

果然，此歌迅速就出了名，但是可惜，最先知道的人并非是她的儿子，而是她的死敌吕雉。

吕雉一听到这首歌，马上怒火中烧，同时她也想到了自己和戚夫人之间的过节已经蔓延到了彼此的子女，赵王如意现在虽然年龄幼小不懂事，然而如果一旦长成，很可能甚至完全可能对自己和儿子发起攻势。更重要的是，如意非常得刘邦的宠爱，配给他的封国与臣子，全是极为忠心并且很能干的，一旦赵王如意长大成人，利用王权作乱为母亲报仇，那真是后患无穷！

这样，吕雉就下定了决心，一定要铲除此刘如意。

赵王如意这年不过十四五岁，虽然名义上是封国之王，实际上什么都不知道，遇事全凭国相周昌主张。原来，当年刘邦已经料到吕雉不会轻饶了如意，因此曾经郑重其事地托孤给周昌说：

“以后我儿如意就托付给卿家了，望卿家一定要保护好如意儿这条命！”

周昌跪在地上道：

“臣决不辜负圣望！”

更因为周昌对吕雉有大恩，因此刘邦希望周昌能够利用这一特殊的条件，尽忠职守，护佑如意能够平安。

果不其然，吕雉征召了赵王三次，三次都被周昌硬邦邦地拒绝了。吕雉拿周昌无有办法，便调虎离山，转而征召周昌。

周昌一离开赵国，吕雉便马上下令再召赵王。没有了撑腰杆子的周昌，如意不敢拒绝皇后的命令，纵然心里害怕，也只得奉旨到京。

本来按吕雉的意思，差不多是要随即向如意痛下杀手的。然而刘盈手足情深，他明白母后此次召如意来的意图，不管怎么样都要想法子保全自己弟弟的性命。因此自从刘如意踏入京城之地的那一刻起，他便亲自出城迎接，且一步不离地和弟弟同吃同睡，让吕雉好几个月都下手不得。

但是，吕雉是一个不达目的决不罢休的女人，那么久的时间都过去了，她满腹的杀机还是没有消减一分，反而越来越强烈。

机会终于让她给逮着了。

刘盈有个习惯，每日早起都要去习射，刘如意进京以后也每天要跟哥哥去习射。刘如意年纪小,不像哥哥那么有恒心,何况他根本也没有意识到自己面对的是怎样的危险,所以终于有一天,他坚持不了啦,就对哥哥耍赖说:

“我很困,让我再睡一会儿吧?啊,好哥哥!没事的。”

刘盈看着弟弟可爱的样子,很是心疼,想想一时半刻也没什么要紧,就依了弟弟。

没想到,就这么片刻工夫,吕雉的杀手就派来了。一蒙面黑衣人潜进来,将毒药强行灌进了刘如意的肚子里。那时候,刘如意睡得朦朦胧胧,感觉异样,可是已经晚了,无论他怎样的挣扎,怎奈在武功高强的大内杀手面前,哪容他挣扎?简直就如小鸡一般。

等到刘盈高高兴兴地回来,那温暖轻柔的床帐里,只有弟弟如意那七窍出血冰冷的尸体躺在那里。

刘如意被铲除掉了,吕雉没有什么担忧的了,马上开始了对戚夫人的大肆报复。

戚夫人听到自己的儿子已经死了的消息,悲痛得几乎死去。吕后又想出了一个极为残忍几乎不是人干的事情的酷刑,先砍掉戚夫人的四肢,再挖去戚夫人的双睛,又用一种药物把戚夫人的双耳给熏聋了,然后给她喝哑药,让她变成哑巴了无法说话,最后扔到了厕所。吕雉把这叫做“人彘”。戚夫人求生不能,求死不得,备受折磨以极。

吕雉对自己的这个成果很是满意,可能她认为一个人高兴不如自己最亲近的人也跟着高兴,就专门召自己的儿子刘盈前来观看“人彘”。

刘盈刚看见的时候,心惊地不知道那是什么东西,就向吕雉询问道:

“这到底是什么东西?”

吕雉心境甚佳,很高兴地为儿子释疑,答说:

“那便为戚夫人了。”

善良的儿子刘盈顿时吓呆了,站在那里好长时间说不出话,忽然放声大哭起来。他无论如何也想不到,母后竟是这样的歹毒,杀死了弟弟如意还不甘休,就连弟弟已没有还手之力的生身母亲也不放过。他更无法相信,当年那么美丽、艳盖后宫的戚夫人,击筑弹琴、吹笛作歌唱

《上灵》的戚夫人，婀娜多姿、翘袖折腰美舞的戚夫人，会变成现在这样一个在恶臭里蠕蠕而动令人惧怕的怪物。

刘盈平时懦雅温和，这一惊吓大大逾越了他的承受能力，躺倒在床一病就是一年多，每日眼里梦里都是弟弟与戚夫人惨死的景象。

但是，刘盈即使身为帝王，也拿自己的生身母亲毫无办法，最后只能对母亲说：

“你做的这些事全不是人能够做得出来的，我身为你的儿子，实在难以再治理天下。”

自此，刘盈完全沉醉于饮宴与女色里，进行自我放纵，不再上朝办理政务，天天早晨起来练习骑马射箭等等更是不会再提起了。如此昏昏沉沉七年以后，只有二十五岁的皇帝刘盈就离开了尘世。

明朝的诗人朱鹤龄在他的《戚姬》里写道：

楚舞悲歌泪满巾，
娥姁而主切酸辛。
可怜三尺夷秦项，
身后难存一妇人。

这是感叹刘邦用三尺剑，能够推翻秦朝，打败项王，却连自己心爱的妃子也没有办法保护。

西汉文帝刘恒，为报戚夫人搭救高祖之德，给戚夫人昭雪，建庙宇以纪念。东汉明帝永平二年，开始于睢陵建名为“戚姬苑”的寺苑。其庙址在今天江苏睢宁县东北十五里的梁集镇戚姬村。

天下晏然的政绩

吕后专政，属于中国历史上时常出现的统治阶级上层权力的斗争。吕后在宫廷当中的权力角逐，并没有影响她实施德政推进汉初社会的发展。因此司马迁评价吕后道：

高后女主称制，政不出房户，天下晏然。

吕后当政的时候，社会生产获得发展，社会经济处在上升趋势，维护了社会的稳定和发展，夯实了西汉强盛的基础，自这一点上来说，吕后的政绩是应当给予肯定的。

废苛令，行无为，与民休息。自政治大局上来讲，吕雉在掌握朝政大权的十五年当中，施行的是刘邦确立的休养生息、恢复民力的路子。汉惠帝四年三月除挟书律，高后元年 1 月，除三族罪和妖言令，废除了秦朝以来的那些苛刻的法律。历史记载：

汉兴，接秦之弊，丈夫从军旅，老弱转粮饷，作业剧而财匮，自天子不能具钧驷，而将相或乘牛车，齐民无藏盖。

惠帝、吕后统治期间全没有过分的奢华与铺张，形成了汉初节俭的风尚，给以后的汉代盛世“文景之治”夯实了很好的基础。吕雉统治的时候鼓励生产，像惠帝四年诏令郡国“举民孝悌力田者复其身”，来免除徭役的优惠措施，来激励农民从事生产；又“减田租，复十五税一”。高后五年，令戍卒更，代替了秦朝以来戍兵服役没有期限的情况。

吕后具有政治家的气度。惠帝六年，刚死了阏氏（匈奴人称单于的皇后为阏氏）的冒顿单于写了一封言辞看似很不敬的“情书”给寡居的吕后。信里说：

孤偾之君，生于沮泽之中，长于平野牛马之域，数至边境，愿游中国。陛下独立，孤偾独居。两主不乐，无以自虞，愿以所有，易其所无。

冒顿单于给吕雉写这封信，有可能是小觑侮辱汉朝，也有一个可能匈奴的传统就是这样。中国古代北方许多少数民族，风行“收继婚”的习俗，也就是父亲或者兄弟死了以后，儿子能够娶继母，其他兄弟也能够娶寡居的嫂嫂。有的历史学家就认为匈奴婚俗，《汉书·匈奴传》里说“父死，妻其后母；兄弟死，皆取其妻妻之”。而在公元前 200 年，刘邦在白登之围以后，接受刘敬的和亲之计，曾经与冒顿单于结成兄弟。因此身为刘邦结义弟弟的冒顿单于，于刘邦死了以后按匈奴婚俗向兄长刘邦的寡妻吕后求婚是合乎匈奴礼法的、能够理解的事情。

然而对于和匈奴不一样风俗的汉朝而言，冒顿单于的这封信肯定是对堂堂大汉太后的非常大的冒犯，也是对汉朝无理的挑衅和侮辱。因此吕后接到信后，一下子拍案而起，气得浑身颤抖，脸上的肌肉蹦跳不已：

"真是欺我太甚！想我大汉无人?！"

汉朝的大臣们也是气愤异常，嚯嚯而动，就要立即杀掉匈奴的使者，然后发兵匈奴，进行讨伐。大将樊哙是吕雉的妹夫，哇哇大叫道：

"臣愿领兵十万，把匈奴杀得片甲不留，以雪此恨！"

然而另外一名大将季布却阻拦道：

"樊哙口出狂言，罪应当诛。"

有一件事他们还都记得，公元前200年，刘邦曾经亲率汉兵三十二万远征匈奴，被匈奴困于白登山（今山西大同境内）七天七夜无法冲出，最后若不是陈平施计谋才得以脱险，真不知道如何是好。后来刘敬给刘邦献策与匈奴和亲，要将刘邦与吕雉亲生的女儿鲁元公主嫁于冒顿单于，由于吕后不答应，哭着求刘邦，方改换宗室之女作为公主远嫁到匈奴。汉朝初期，从秦末以后元气大伤，尚无与匈奴对抗的能力，白登之围就说明了这点。这时候的吕雉盛怒之后冷静下来，就采纳了季布的言语，叫人写了一封言词卑微的回书，书里说：

单于不忘弊邑，赐之以书，弊邑恐惧。退而自图，年老气衰，发齿堕落，行步失度，单于过听，不足以自污。弊邑无罪，宜在见赦。窃有御车二乘，马二驷，以奉常驾。

吕后在这封信里不惜自污，讲自己"年老气衰，发齿堕落"，且送了一位漂亮的汉朝美女给冒顿单于，还赠他礼物"车二乘，马二驷"。冒顿单于得信以后，也派使者表示道歉，说"未闻中国礼义，陛下幸而赦之"。

吕雉忍辱负重，维护了汉朝和匈奴之间的和平，表现了她非同一般的政治眼光与气度。吕后统治的时候，汉朝和匈奴之间保持着友好关系，边疆和平，对汉朝的休养生息起了很大的作用。

历史上对吕雉的评价毁誉参半。然而不管怎么样，从大的方面来说，看到她在那时候给她的人民所作出的成绩，对她的评价也应当是正面的。

把汉王朝推至强盛高峰的皇后窦猗

名后小册子：窦漪（前？年—前135）名漪，清河郡（今河北清河）人，一般百姓家庭出身，吕后的时候被选进宫。吕后要挑选一些宫女出宫赏赐给诸侯王，窦姬由于姣好的气质和出类拔萃的美丽而被选中去了代国。到了代国，代王刘桓对她很是喜爱，先和她生了个女儿叫刘嫖，后又生了两个儿子：名叫刘启与刘武。文帝去世以后，景帝刘启即位，窦皇后又成了窦太后。

窦氏小时候家庭贫寒，为了逃避秦乱，她的父亲隐居在观津钓鱼，却不幸掉进河里淹死了，丢下他们三个孤儿。汉朝初期，朝廷去清河召募宫女，窦氏因年幼而美貌应召进宫。高祖刘邦于公元前195年驾崩，已经成为皇太后的吕雉操纵国政。那时候，吕后挑选了一些宫女出宫去赏赐于诸侯王，每个王五名宫女，窦氏也在其中。

她对主持派遣宫女的宦官请求说：

“公公，我的家在清河，距离赵国近，想去赵国。您一定要将我的名字放进赵国的花名册里啊！”

公公也答应了此事。

但是，那时候她的地位卑微，于分派宫女之时这个宦官就将此事给抛到脑后了，将她的名字放进去代国的花名册里了。

于是她便去了代国。没想到，她却因此得福。她到了代国以后，十二岁的代王刘恒非常喜欢她，先后和她生了长女刘嫖（馆陶公主）与两个儿子:刘启(汉景帝)和梁王刘武。

以孝治天下

“汉家旧典,尊崇母氏”。汉朝统治者极为注重“以孝治天下”,把孝看成是做人的根本,礼的基础。

西汉历代帝王除了高祖刘邦以外,谥号里全有“孝”字,像汉惠帝的谥号全称为“孝惠帝”;几位有名的帝王像汉文帝就是“孝文帝”,汉景帝是“孝景帝”,汉武帝则是“孝武帝”。汉惠帝、汉文帝、汉景帝全是极为孝顺的儿子。汉武帝的时候于选拔官员的时候还开设了“举孝廉”一科,“孝谓善事父母者”,将孝敬父母当成做官的一个标准,汉朝不少有名的官员全是由孝廉出身的。

汉朝对母亲至孝的事情很多很多,像很有名的二十四孝的故事,汉朝人的例子便占了很大一部分。不光孝敬母亲是那时候社会所尊崇的美德,母亲在家庭里的地位也极为重要。特别是于父亲早亡以后,母亲依旧为一家之主,就像出土的汉代朱凌买地券所反映的便是母亲为家庭之核心的事情。而于帝王之家,母亲的作用便表现为皇太后可以干涉皇上处理政事,甚至于特殊的情况下能以临朝的行式直接参政,就像汉初的吕后当政和东汉的太后当政。

要立小儿

梁王刘武是窦后的最小的儿子,窦后对刘武很是疼爱,所以极想让景帝能同意景帝以后由弟弟梁王来继承皇位。景帝对母后极是孝顺,便勉强口头答应了,但是以后为大臣所反对,这事才便不提了。

梁王刘武于景帝前元三年冬十月,作为诸侯王从封国来到京城。那时候汉景帝还没有立太子,在招待梁王的宴席上,景帝一时高兴,加上喝了点酒,不经思索便对梁王说:

“朕的皇位千秋万岁之后传于你。”

梁王明白此是景帝一时的醉话,面子上虽然谦谢,内心旦却偷偷兴奋。

窦后听了以后也大为精神。当时窦后的本家侄子窦婴也在场，遂连忙说：

“大汉的制度，传子传孙，如今皇上为什么传弟？这就把高祖皇帝所定下的制度给搞乱了！”

于是景帝不再说话，窦后也很不开心。

汉景帝于前元七年十一月，废太子刘荣，窦后又力劝景帝立梁王作储。一次，窦后、景帝、梁王三个人在宴席上，窦后举商殷朝兄弟相传的惯例，说自己老了，有一天真的去了，景帝一定可要好好照顾梁王。

景帝听了这话，感念母恩也不好不答应窦后的请求。

宴席以后，汉景帝召袁盎等大臣商议，说：“太后这话是什么意思？”

大臣们皆说：

“太后想让皇上立梁王为太子。”

殷代的传统虽然是王位兄死传弟，而周朝的传统却是父死子继。汉朝一向标榜学习周朝的，但是窦后这天却说殷代和周代道理是相同的，话里面的意思便是要景帝按照殷代的传统，将皇位传给弟弟梁王。

后来，袁盎等大臣以春秋时代宋国兄死弟及，最终酿成内乱的故事劝谏景帝及窦后，窦后才最后打消了立梁王为储君的想法，还使梁王回到他的封国。

誓杀郅都

郅都是文景时候的名臣，然而由于惹恼了窦后，最后被杀。

汉景帝的儿子刘荣，在前元四年当皇太子，四年后被废，改当临江王，由于在封国“坐侵庙垣”，触犯汉法，景帝派遣刘荣去中尉府对簿公堂。让郅都主审，临江王惧怕，遂自杀而死了。

原来，郅都对国家很是忠勇，总是说：

“已倍亲而仕，身固当奉职死节官下，终不顾妻子矣。”

郅都当汉朝的中尉之时，执法如山，不避权贵，因此宗室贵戚列侯都害怕郅都，没有人敢正眼看他，他那黑脸一沉，不怒自威，两眼一瞪，甚是骇人。他每到一处，刚过亏心事的人就心里害怕，偷偷说：

"苍鹰来了,苍鹰来了!"

可见那时候郅都在人们内心里的地位。

本来此事也不能全怪郅都,然而窦后听说了此事,便恼怒郅都逼死自己的亲孙子,就暗使人中伤郅都,郅都被免官回籍。

汉景帝派使者持使节命郅都去边境当雁门的太守,边境上的匈奴人听说郅都到这里做太守,心里也都很害怕,再不敢侵扰边境——在郅都生前,匈奴人全不敢靠近雁门。

匈奴曾经制作了郅都的假人像,让骑兵箭射假人,然而骑兵全由于心里害怕胳膊颤抖而射不中,可见郅都的威慑力有多么大。

然而窦后还是不能放过郅都,千方百计去逮郅都的小便,一旦抓到郅都的小过失,便要用汉法治郅都于死罪。

汉景帝给郅都向窦后求情说:

"郅都是忠臣。"

汉景帝意欲开释郅都。

然而,窦后哪能容情,说:

"难道说只有死掉的临江王不是忠臣吗?"

汉景帝不敢违逆母亲的意愿,没有办法,最后还是杀了郅都。

"黄老"治国

窦后于汉朝政治里,极让人瞩目的便是她推崇的黄老思想,且对走儒家路子的汉景帝与汉武帝施行儒家政治造成阻碍。汉景帝于后元三年,驾崩,终年48岁。窦后的孙子刘彻继位,就是历史上有名的汉武帝。汉朝建立以后,吸取秦朝灭亡的教训,推行休养生息、黄老无为的思想,这对促进汉初经济的恢复,社会的发展有极为重要的作用。窦后终生极推崇黄老,景帝与太子时候的汉武帝,还有窦氏的外戚于窦后活着的时候无不学习黄老的书籍,尊崇黄老之术。窦后主张在清静无为的环境里恢复与发展经济,推行无为的政策,这本没有什么可说的,然而,这时候的汉朝已经经历了几十年的恢复,情况已经与汉初的时候有所不一样了。汉景帝与汉武帝全是很有作为的帝王,对于现状不满足。尤其是在武帝统治的初期,由于武帝锐意进取,欣赏儒家,与尊崇黄老的祖母窦后常常发生冲突，但最后还是以窦后的胜利作结束。

窦后喜爱老子之书，景帝时期，曾经召博士儒生辕固生询问有关老子的学问。辕固生说：

“此是家人言耳。”

话里的意思，相当轻视。

窦后听了大怒，这样就把辕固生和野猪关在了一起，欲使野猪咬死辕固生。

景帝偷偷让人拿了一把极为锋利的宝剑给辕固生，辕固生也具有高超的武艺，只见他手握剑柄不慌不忙，看那扑向他之时，一个“白蛇吐信”便一下子刺中了野猪的心脏。野猪嚎叫着倒下了，不一会儿就咽了气息。

窦后没有办法了，没有理由再加罪于辕固生，不过，也还是罢免了辕固生的官职。

景帝的时候，由于窦太后的“黄老”之术，给不少儒生的当官前途造成了阻碍。

汉武帝于建元元年，罢免了丞相卫绾，任用爱好儒术的田蚡、窦婴、赵绾、王臧等人，还征召了鲁地有很有名气的儒生申公进京，推行儒家的学说，来对政治进行改革，对那时违法的外戚加以约束。所以，有些外戚便在窦后耳旁鼓噪，窦后对武帝和武帝身边重儒的人极为不满意。御史大夫赵绾于建元二年，向武帝建议以后政事不必向东宫奏明，也就是说以后朝廷有事不必向窦后奏报，意在削夺窦后的权力。所谓东宫就是说的长乐宫，即当时窦后所居住的宫殿。窦太后听说这件事后，不由得大怒，道：

“他们想学那新垣平呢！”

新垣平为汉文帝时候的一个方士，后来由于谋取私利、欺骗文帝而被处死。窦后盛怒之下一定要把赵绾、王臧两人打入监狱，免去窦婴、田蚡两人的官职。刚刚登基没有多长时间的汉武帝拗不过祖母，只好下令将赵绾、王臧二人逮捕，结果赵王两人自杀于狱内，窦婴、田蚡两人免官回家，申公也以疾病为由罢官回到乡里。这样，汉武帝刚刚开始的新政就因祖母窦后的干涉失败而告终。

汉武帝的一生，真可说是雄才大略，个性极为张扬，风格也极为独特。然而于早年，却不能不屈服于祖母窦后的权威，尊崇黄老，压制儒术。

窦后于汉武帝建元六年五月，走完了自己漫长的人生历程。

窦太后是中国历史上最后一位推崇"黄老思想"的最高统治者，于她的影响下，西汉的政权能够继续从刘邦时候定下的"以民生息"、"无为而治"的发展路子，将大汉王朝推上了繁荣富强的高峰。自她之后，没有一位中华帝国的最高统治者能够像她似的真正地用"黄老思想"来"无为而治"。

她死后，汉武帝"罢黜百家，独尊儒术"，汉武雄风的大旗方开始正式招展迎风。

成就了大帝帝位的皇后陈阿娇

名后小册子：陈阿娇(前2世纪？年—前2世纪？年)，汉武帝刘彻的第一任皇后。陈皇后的名字在史书里没有记载，由于志怪小说《汉武故事》当中把她的小名叫做阿娇，所以后人叫她作陈阿娇或者是陈娇。"金屋藏娇"、"千金买赋"等典故全是讲她的。

金屋藏娇

金屋藏娇说的是汉武帝的第一任妻子——陈阿娇。

陈阿娇是汉景帝的姐姐馆陶公主的爱女，然而她的结局并不美妙，她总认为自己长相美丽无双，出身及其高贵，这就造成了她极大的失败。"得阿娇必金屋贮之"的小儿语并不能保证她的幸福，大文学家司马相如的《长门赋》凄艳文词，也并不能打动武帝的心，岁月悠悠，独处长门，是她自造之命运。

汉景帝的王妃子生刘彻的时候，景帝已经有好几个儿子了，当中栗姬生子最多。景帝原来最宠爱栗姬，曾经和她私下立约，要把栗姬生的长子刘荣立成太子。后来景帝宠爱王妃子，王妃子又生下刘彻，传说王妃子怀孕的时候梦见了太阳钻到自己的肚子里，汉景帝非常高兴，说是吉祥之梦，好兆头，预示着小孩子长大以后会有很大的作为。栗姬听到以后当然是很是嫉妒和气愤。

馆陶长公主是景帝的胞姊，生有一个女儿，芳名为阿娇。长公主打算把女儿许给未来的太子，将来也就是皇后了。让人问栗姬是否愿意，她原想着门户相当，很是登对，一说即成。没想栗姬竟然不愿和她联姻，没有答应。长公主原本和景帝姐弟情谊非常深，不少后宫妃子为了要得到皇帝的宠爱，全要巴结长公主。长公主也难以一概拒绝，就总是帮她们牵线。栗姬平时对这种事就不满和妒忌，怀恨已深，再加之她又没有什么见识，所以当长公主给自己的女儿议婚的时候，就想不了那么多，不假思索地说：

“她的女儿要嫁给我的儿子，想将来主后宫，真是痴心妄想！”

对长公主来说这当然是大事，也有关她的脸面，因此听到这句话后，大为气愤，便和栗姬结下了冤仇。

王妃子是个十分精明通透之人，知道了这件事以后，借这个机会，便去“劝慰”长公主。长公主说到栗姬，胸中不平，恨得咬牙切齿，随口即说：

“她既然不识抬举，我把阿娇许给彻儿，也是一样！”

王妃子内心里自然非常喜欢，对她来说，那简直是巴不得的事，可嘴上还是谦逊道：

“彻儿成不了太子，怎么敢委屈了阿娇。”

这话使得长公主既而愤恨，既而大笑，边笑边恨道：

“栗氏想自己的儿子已经被立为太子，以后她必然稳稳当当当上皇太后，哼，只要有我长公主在，管教她的儿子当不成太子！废立太子是常有的事情，你看我怎样整治她！”

王妃子又假意劝慰了一番，长公主更是恨恨说：

“她既然无情，就别怪我无义了！”

王妃子很会运用以退为进的战术，最后终于把长公主激得和她立时就暗订了婚约。

王妃子见了景帝，便说起长公主想缔结儿女姻亲的事。景帝想阿娇比刘彻年龄大，好像有点不太合适，因此就没有马上应允。王妃子又把长公主请来，欲让她去向景帝求亲。长公主干脆领着女儿一起来了。长公主随手把刘彻拉到自己的膝上，笑着抚摩刘彻的头顶说：

“你想娶媳妇不？”

刘彻天生极为伶俐，对着长公主只管嬉笑着不说话。长公主故意一一指着旁边的宫女对刘彻戏道：

“让她做你的媳妇，你愿意不愿意？”“让她做你的媳妇，你愿意不愿意？”

刘彻都噘着小嘴儿表示不愿意。长公主又指向阿娇说：

“你看阿娇好不好？”

刘彻看阿娇和自己同是小孩儿又娇美异常，正对了心思，禁不住大笑了说：

“如果能娶阿娇当媳妇，一定用金屋把她藏起来。”

此小儿一句话，不仅使长公主、王美人听了笑得前仰后合，就连景帝也笑骂道：

“彻儿这孩子脸皮也太厚了！”

景帝想他那么小小的年纪，就只喜欢阿娇，可能这也是前生注定的姻缘，不如就此答应，定下儿女姻亲大事。

如此，便定下了这门婚约。

由于这场笑话，刘彻便有了他一生当中的首位妻子陈阿娇，与此同时，也为中国增添了一道“金屋藏娇”的著名典故。

荣立储君

立储君的问题上虽然相当费周折，然而景帝鉴于历史上那些废长立幼引起的动乱教训，最后还是下决心让栗姬生的儿子荣当储君，如此栗姬便成为了皇后。长公主连忙私下对景帝说栗姬迷信邪术，和谁都合不来，每天诅咒别的妃嫔，每次在路上碰上别的妃子，总是朝别人的背后唾口水，肚量很是狭窄，恐怕以后真成了皇后，吕后“人彘”的惨剧便又要重演了！

景帝听到“人彘”两字，浑身上下一激灵，心想那种事绝对不能重演！他要试探试探栗姬的内心究竟怎样。于是，有一日他问栗姬说：

“朕百年以后，后宫不少妃嫔都生有儿子，你将会怎样善待她们，千万不能忘记了。”

他一边说，一边暗暗观察栗姬的反应。没想到栗姬的脸色青一会儿，紫一会儿，半晌不说一句话。等了许久，栗姬还是不吐一个字，并且别过脸去不看景帝。景帝禁不住心中的失望，便决定废掉栗姬。他一出宫门，又听到里边有栗姬的哭骂声：

“将来都把他们处死，真是糊涂的老狗！”

景帝负气而去。

过了几天长公主与景帝闲说话的时候，瞅机会就很夸刘彻是怎样怎样的聪毅仁孝，说假如立他为储君，一定可以继承大统。景帝也动了心，于是便寻由头废掉了太子荣，让他改当临江王。

从此以后，栗姬也失了宠，遭受冷落，想见景帝一面也不容易了，她哪过得了这样的日子？没有多长时候便一病而终了。

千金买赋

太子刘彻即位当皇帝的时候是16岁，这便是历史上有名的汉武帝。中国历史上的年号就是汉武帝开创的。由于他没有即位当皇帝的时候，就已经娶了长公主的女儿陈阿娇为妃子，此时成了皇帝，当然就要立陈氏为皇后。小时候的刘彻喜欢陈阿娇里面虽然有好感的原因，然而这样的婚姻有着更多的是政治成分，加之武帝很是爱好美色，这就一定会导致阿娇命运的悲剧。

刚开始的时候武帝和陈后的感情还可以，武帝很尊敬她，主要的原因是长公主的家族势力太大，完全可以掌控朝政。

刘彻能取得到皇帝的大位，完全可以说得益于丈母娘馆陶长公主，更何况他的奶奶窦太皇太后还活着，所以不言自明，刚当上皇帝的刘彻很是听皇后兼表姐陈阿娇的话了。

陈阿娇当然也很明白自己雄厚的背景，再说丈夫还是个小孩儿的时候就以表弟的身份对她这个表姐言听计从，何况他们也的确是从小的夫妻，青梅竹马，所以在她看来，刘彻是决不敢做出违背她心意的事来的。在她的小丈夫面前，她简直神气到了顶峰。

陈阿娇对丈夫态度如此，很大程度上都是母亲馆陶公主在背后教她这样做的。馆陶公主半辈子的心思，都用在争权夺利方面了，针对帝王的见一个爱一个、妃嫔的多端诡计、皇后的地位实际上不容易稳定这一点，真是内心里太有数了。她总是对她的女儿说：

“后宫的女人们全是不能要的妖精，千万不能让她们有一丝接近皇帝的机会！”

陈阿娇对母亲的话总是言听计从，完全照着母亲的话去做。

应当说，陈阿娇刚开始的时候还是颇为成功的，相当长的时间当中，她都为真真实实的皇后，除了她以外，刘彻差不多从无接近其他宫人的机会。陈阿娇不仅专宠，还恃宠而骄，安享着非常奢侈的生活，把刘彻看管得牢牢实实。因为窦太皇太后还活着，馆陶长公主在朝政当中影响甚大，刘彻身为一个还没有亲政的皇帝，也不能不迁就老婆的骄横，对满宫的美女从不敢大胆多看一眼。

然而如此的状态并没有持续多长时间。

一天，刘彻途经平阳公主的家，公主盛筵接待。且召来十多名年轻漂亮的女子劝酒捧汤。武帝本就爱好美女，可这时候看看所有女子，却无一个比较喜欢的。平阳公主见状，就把早已经准备好的一个女子招呼了进来。武帝不看则已，一时大惊，不由得醉了。只见这一女子眉低翠敛，脸晕红生，轻斜俏眼，不经意间就向武帝瞟去，所弹唱的歌曲无比美妙，让武帝心驰神迷，眼神不离。他心颤着打问平阳公主此女子为谁。公主说她名叫卫子夫。武帝假装天气热，要进里面去换衣服。公主明白武帝想干什么，忙让卫子夫跟着去服侍武帝。这样，武帝就和卫子夫在里面好一番云雨……出来后，卫子夫微惺星眼，凌乱云鬟，低着头面含羞，手捏衣带而无言。公主顺势便把卫子夫送给了武帝说：

“皇上如果喜欢这个丫头，就让这个丫头服侍皇上吧！”

武帝当然很是感激，就和卫子夫手拉着手一同回到了皇宫。

日已近黄昏，武帝牵着卫子夫的手回宫，一门心思想着要夜间再续前乐。哪料阿娇皇后刚好在宫里等着他回来，这时候刚巧碰了个对面。阿娇皇后气坏了，只见她柳眉倒竖，铁青脸色，恨恨地嚷着：

“好呀！好呀！”

嚷完扭身便跑。

武帝心下想，皇后娘家势力庞大，自己能取得皇位也多靠他们家鼎力相助，并且还有金屋藏娇的誓言，怎能说抛弃就抛弃了？无可无奈之下便先安慰一番卫子夫，将她暂安顿于别室。然后就去追阿娇，向娇说好话，说就这一次，请原谅！我从来都是忠于你的！

可是阿娇皇后气嘟嘟地就是不理武帝。

最后，阿娇皇后经过武帝一再软语温存，方和武帝订约，将卫子夫禁放冷宫，不可私下见上一面。

从此以后，卫子夫在深得像海一样的后宫里，差不多一载有余再也见不到皇帝的影子，就像自己犯了罪下大狱一样，行动都有人看管着。由于皇宫里美女太多太多了，日久天长武帝也渐渐对她淡忘了。

一日，武帝有闲，偶翻宫人名册，忽然看到"卫子夫"三个字，不由得想起了以前的事，便暗令内侍：

"召卫子夫！"

卫子夫来了，她显然是憔悴清瘦了不少，只见她袅袅下拜，呜咽几声便泪流满面。武帝急忙把揽她进怀里，又是好一番安慰。卫子夫半天平静下来，然后和武帝重继旧情。为了对卫子夫进行补偿，武帝这次真是克尽"夫"道，好一番缱绻！

事毕，卫子夫故作惶恐地说：

"臣妾以后不敢再接近陛下了，假如被皇后知晓了，妾死了没有什么，就怕会给陛下招来不少麻烦！"

武帝被说得伤了自尊，心底泛出一股苦味，说：

"朕在这里召卿，和正宫相距相当远，她不会知道。朕昨晚做了一个梦，看见卿站在几棵梓树下，梓和子声音差不多，朕还没有儿子，难道这应在卿的身上？是卿应当为朕生儿子吗？"

武帝说着又和卫子夫携手重赴巫山——好一晚欢梦。

谁想卫子夫就在这天晚上真的怀了孩子。

皇后阿娇察觉此事后，阿娇异常妒恨，马上去见武帝，与他理论。此时的武帝翅膀也硬了，皇位好像也稳了，一般情况下也不会再发生什么变故，于是也不再忍让，反说阿娇不会生育，自己不得不如此。阿娇无言以对，气愤而去。

此后，阿娇就出重金求医，希望自己也能怀孕。然而不管她怎样地焦急，喝了多少药，她都始终不能怀孕。

阿娇越加妒恨、气闷，天天想着要除掉卫子夫，偏偏那卫子夫很得专宠，每日和武帝在一起，根本无下手的机会。

打从卫子夫争宠以后，阿娇竟然慢慢失去了武帝的欢心。她穷恨已极，便找来了一个名叫楚服的女巫，欲让她生法祈禳，来挽回武帝对她的爱情。楚服设坛斋醮，天天进宫一两回，然而许久得不到应验。武帝知道这件事后，大为震怒："一个堂堂的皇后，竟然在宫里做这等下流事情，还有什么颜面再主后宫！"这是严重违反禁令的事情。于是当下彻底追查，即刻把楚服拿下，饬吏讯鞫以后砍头。阿娇宫里的女使太监三百多人，也全部被处死。阿娇吓得灵魂出窍，好几夜不曾合眼，因为她从没有见皇帝这样发怒过。最终她的册书也被收去了，玺绶被夺走了，被废掉后位搬到长门宫。

阿娇自打住进长门宫里，整天泪水满面：

"怎么办呢？想不到我阿娇会落到如此的地步！如今连皇上的面也见不到了！"

有一个伺候他的亲信太监看着主子如此悲伤，心里也不好受。他给阿娇出主意说：

"当今有个大才子叫司马相如，文章天下第一，何不去请他写写娘娘的悲屈，以告皇上呢？"

阿娇无尽可施，只好试试这个办法了，于是，就让这个亲信太监，带了千斤黄金，去求著名的大文学家司马相如代做一篇赋。

司马相如不愧是大文学家，问明白了原委之后，铺纸动笔，落墨千言。此赋就名为：《长门赋》。述说一个深宫永巷女子的愁闷悲思，写得凄凄楚楚，曲折绕回："……悬明月以自照兮，徂清夜于洞房；忽寝寐而梦想兮，魄若君之在旁……"阿娇让宫人天天传诵，希望武帝听到以后会回心转意。

然而《长门赋》虽说是千古传诵的好文章，是西汉文学作品中的经典作品之一，情真意切，极为感人。但是无论如何也无法挽回武帝的旧情，汉武帝只是对《长门赋》表示了称赞而已。

至阿娇的母亲馆陶长公主死后，阿娇更是及其寥落悲郁，没有多长时间也归西而去。

花无百日红，人无十年好。卫子夫取代了陈阿娇，当了皇后。然她也有年老色败之时，没有多长时间也和陈阿娇一样皇帝不喜欢她了。终于在宫廷斗争当中被汉武帝废掉皇后的位置，自缢身死。

附：

长门赋
作者：司马相如

夫何一佳人兮，步逍遥以自虞。魂逾佚而不反兮，形枯槁而独居。言我朝往而暮来兮，饮食乐而忘人。心慊移而不省故兮，交得意而相亲。

伊予志之慢愚兮，怀贞悫之欢心。愿赐问而自进兮，得尚君之玉音。奉虚言而望诚兮，期城南之离宫。修薄具而自设兮，君曾不肯乎幸临。廓独潜而专精兮，天漂漂而疾风。登兰台而遥望兮，神怳怳而外淫。浮云郁而四塞兮，天窈窈而昼阴。雷殷殷而响起兮，声象君之车音。飘风回而起闺兮，举帷幄之襜襜。桂树交而相纷兮，芳酷烈之訚訚。孔雀集而相存兮，玄猿啸而长吟。翡翠协翼而来萃兮，鸾凤翔而北南。

心凭噫而不舒兮，邪气壮而攻中。下兰台而周览兮，步从容于深宫。正殿块以造天兮，郁并起而穹崇。间徙倚于东厢兮，观夫靡靡而无穷。挤玉户以撼金铺兮，声噌吰而似钟音。

刻木兰以为榱兮，饰文杏以为梁。罗丰茸之游树兮，离楼梧而相撑。施瑰木之欂栌兮，委参差以槺梁。时仿佛以物类兮，象积石之将将。五色炫以相曜兮，烂耀耀而成光。致错石之瓴甓兮，象玳瑁之文章。张罗绮之幔帷兮，垂楚组之连纲。

抚柱楣以从容兮，览曲台之央央。白鹤噭以哀号兮，孤雌跱于枯肠。日黄昏而望绝兮，怅独托于空堂。悬明月以自照兮，徂清夜于洞房。援雅琴以变调兮，奏愁思之不可长。案流徵以却转兮，声幼眇而复扬。贯历览其中操兮，意慷慨而自昂。左右悲而垂泪兮，涕流离而从横。舒息悒而增欷兮，蹝履起而彷徨。揄长袂以自翳兮，数昔日之諐殃。无面目之可显兮，遂颓思而就床。抟芬若以为枕兮，席荃兰而茝香。

忽寝寐而梦想兮，魄若君之在旁。惕寤觉而无见兮，魂迋迋若有亡。众鸡鸣而愁予兮，起视月之精光。观众星之行列兮，毕昴出于东方。望中庭之蔼蔼兮，若季秋之降霜。夜曼曼其若岁兮，怀郁郁其不可再更。澹偃蹇而待曙兮，荒亭亭而复明。妾人窃自悲兮，究年岁而不敢忘。

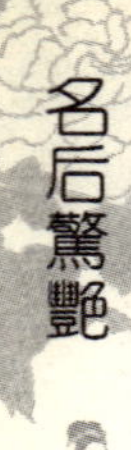

飨国六十多年的老实皇后王政君

名后小册子：王政君（前71年—前13年）是西汉元帝的皇后，而她的“政治年龄”的长寿要比她的“生理高龄”让人感慨。“历汉四朝皆为天下母，飨国六十多年”——仅凭这一点，王政君就足能够震撼现在的人们，且为她于两千多年的皇后历史长卷当中大大地书写一笔。而她的“群弟世权，更持国柄，五将十侯，卒成新都”——这些又让王政君成为后世学者论及汉代，特别是西汉晚期政治的时候难以避开的“话题人物”。

“圣女兴世” 险失后位

王政君出生的时候好像有着“圣女”的光环。母亲李氏夫人怀孕未生她的时候，就曾经梦见月亮钻到了她的肚子里。在古时候，此种异象往往是“伟人”要出世的兆头。

过了一天又一天，过了一年又一年。成年以后的王政君温柔美丽，极为明白身为女人要做些什么。家里曾经把她许配人家，然而每次还未等办事过门，许配的男人便身亡了。后来东平王娶她作媳妇，同样也还没待她嫁人便死了。连续几番婚事都是这样，人们难免觉得是怪事，王政君父亲王禁便请了个相面的先生为王政君相面，先生相完面以后道：

“面相大贵，而且是大贵得难以述说。”

王禁深信不疑，就开始全力教她读书写字，鼓瑟琴棋，给她以后进皇宫打基础。

王政君 18 岁的时候，父亲王禁就将她送入了皇宫。

在进宫一年多的时间里，王政君一直默无声息。她的“皇后”之位的取得好像与以往的“夺后之路”的处心积虑勾心斗角不一样，自表面上看却有着足够的戏剧性与偶然性。那时候，刚好是皇太子极为宠爱的司马良娣患病危，弥留之际，她向太子刘奭道：

“妾死并非是天命，而是诸娣妾良人总是诅咒我，要我死去。”

太子一向对她甚是怜爱，因此对她临死说的话坚信不疑。司马良娣死了以后，太子悲愤异常，总是发病，整天寡欢郁郁，动不动就会迁怒于其他姬妾，因此令其他姬妾皆难以和他接近。宣帝得知了太子这样的情况，便欲随了太子的心愿，令皇后自后宫中挑选能够伺候太子的宫人送到太子那里。皇后见王政君温柔可人，端庄大方，就也挑选王政君去。

那一天，太子上朝觐见父皇，皇后便把已经挑选好的包括王政君在里面的五名宫人引入，然后又让在旁边供奉的长御去问太子：

“可有中意人？”

太子对皇后精心为他挑选的五位丽人没有丝毫的兴致，根本就懒得看上一眼，可又不忍辜负了皇后的良苦用心，便懒洋洋地回答到：

“当中有一个还行。”

那个时候，王政君所站的位置距太子最近，五人当中又单单她一人穿着大红色的耀眼衣服，凸显得她异常的出类拔萃。长御在听到太子说“当中一个还行”的后，认为指的肯定就是装束和别人不一样的王政君，于是告知皇后。皇后便让侍中杜辅、掖庭令浊贤把王政君送至太子的东宫里，于丙殿拜见太子。

皇后既然送来了王政君，太子就不免会多看上一眼，王政君毕竟是一代美女，太子看过一眼之后，就会忍不住再看一眼，不由心动，大叫一声：“美人！”一下子就把王政君揽入怀中……

说来也非常稀奇，在此以前，太子后宫的几十名姬妾，有些也被“御幸”七八年之久，但是都没有怀孕生子，可王政君却是一下子便有了，你说她命贵不贵？如此，一声婴儿的啼哭，王政君便于宣帝甘露三年，

在甲馆画堂生下了一个男孩，也就是以后的汉成帝。

此男孩是嫡长皇孙，汉宣帝很是怜爱，亲自给他取名叫“骜”，字太孙，而且总是将他带至身边。从来就是“母以子贵”，这是古代封建社会不变的规律。生下嫡长子孙刘骜便成了王政君取得皇后之位极为重要的一步。

宣帝驾崩于公元前49年，那时刘骜3岁。皇太子刘奭于宣帝驾崩的即日登上了未央宫前殿的龙位，他便为汉元帝。刘骜是他的大儿子，元帝便马上立骜作储君。

依理，母以子贵，刘骜被立作储君，他的母亲王政君应当为皇后。然元帝却犹犹豫豫，原因是王政君过于老实，不会邀宠。

他最喜爱的妃子是傅妃与冯妃。傅妃精明通透，待人随和，因此宫里的人对她印象都很好，纵使被元帝专宠，也不会受诸嫔妃的言语和妒忌。王政君生了刘骜没有多长时间，傅妃便也生了儿子刘康，冯妃也生了儿子刘兴。真是一妃带头，众妃加油！

元帝欲将皇后的位置给傅妃，但是，在那个时代，却与理不合。元帝差不多整整想了3天，他不想惹来非议，终于还是毫无办法地立了王政君作皇后。

元帝又开创性地设立了一个在宫中的地位只比皇后稍低一点的名号——“昭仪”。便封心爱的傅、冯二妃作昭仪，封刘康作定陶王、刘兴作信都王。王政君皇后虽有皇后的尊号，却被元帝冷落在一边，并且也越来越对她的儿子、皇太子刘骜不满意。

刘骜原来对经书很是喜爱，待人也很恭谨有礼。有一次，元帝召他，他奉诏即跑。他不敢横穿皇帝专用的驰道，就绕了一个大圈。元帝看太子来晚了，便很是不高兴。刘骜秉明了原委，元帝心里大为欣慰。然而好景不长，刘骜便对经书慢慢厌倦了，整天喜爱游手好闲喝酒、浪荡。元帝想刘骜这个孩子不会成什么大器，并屡屡给他以警告，然而太子还是屡教不改，元帝没办法便计划着要把刘骜废黜，改立爱妃所生的儿子刘康为储。

汉元帝于竟宁元年病重，傅昭仪、刘康在一边侍奉，却不让皇后、太子进来。一日，元帝对他的近臣透露说想要废黜刘骜、另立刘康当储君的心思。王皇后、太子听说了以后，吓得魂不附体，然而皇后太老实，也无计可使,太子这时候更无办法。

然而,老实人也有老实人的福分。

就在这个关键时候,元帝宠臣侍中史丹闯入了元帝的寝宫,跪在地上把头磕得山响,痛哭流涕地说:

"如今的皇太子名闻天下,臣民归心。臣得知陛下有废立的意思。如果是这样,就请陛下先把微臣杀死算了!"

元帝见他这个样子,禁不住仰天长叹,道:

"朕也是上下拿不定主意。太子和定陶王皆是朕的爱子,朕怎么会不为他们着想呢?看皇后王政君为人也谨慎谦恭,遵法循礼,先帝又喜爱太子,朕怎么会做出有违九泉之下的先帝之事啊?爱卿不必再说了。朕的病恐怕不会再好了,至那时,还望众位爱卿鼎力辅佐太子,千万勿让我失望才是啊!"

就是如此,君臣一场掏心窝子的话以后,太子刘骜才最终没有被废掉。储君的位置保住了,王政君也自然随之渡过险关,依旧母仪天下,做本朝的皇后。竟宁元年五月,只有43岁的汉元帝驾崩。太子刘骜登基,是为汉成帝。皇后王政君被尊为皇太后。

"五将十侯"的裙带政治

要说王政君家族里的"五将十侯",那必须先说一下一个名词——"外戚"。所谓的外戚,指的就是皇帝的母族或者妻族利用和皇帝的亲戚关系,在朝廷里独霸朝纲,在军事上又总揽大权,让自己家里人全都把显要的位置给占了,这是封建政治史上之怪现象:外戚政治。外戚政治的最高形式便是"外戚专权"了。汉朝就是外戚政治极为厉害的朝代。早在西汉刚开始建国的时候,便有皇后吕雉家的外戚之乱;西汉最为强盛的时候,汉武帝便运用窦氏、田氏、卫氏等外戚政治来护卫皇权,把外戚和列侯玩于手心当中;而在西汉中晚期,外戚政治还在上升,然而此时的皇帝已经不再拥有那时候武帝的魄力了,这样就让皇权一天比一天减弱,终于落在旁人之手,也才发生了历史上有名的"群弟世权,更持国柄,五将十侯,卒成新都"的事情。

就像所说的那样,刘骜刚被立为储君的时候,很爱读经书,宽博谨慎，元帝也很是喜欢他。后来，元帝虽然觉得他并不是最佳的皇位继承人，然而由于许多因素，元帝并没有罢黜。最后刘骜依旧登基，成了汉成帝。

公平地说，汉成帝也并不是没有一点长处。他首先将佞臣石显革职，将中书宦官撤除了，还下诏鼓励臣民大胆进谏，并且奖励孝悌力田，减免租赋，大赫囚犯等。然而，总的来说，成帝并不是想大有作为的皇帝，他沉醉于酒色，安享于深宫内院，天天喝酒抱美人；在长安市上，每晚挑色征歌，这样让汉朝政治越来越走向衰败。

如此，政权便落到了皇太后王政君这个老实人的手里。王政君当上皇太后以后，把王凤封成大司马大将军领尚书事，王氏家族于西汉末期的兴盛便自王凤起始。同一时间，王政君异父同母的兄弟王崇业当上了安成侯，食邑万户。王凤的兄弟王谭等也连升三级，配享食邑。自此王姓一家的荣耀画卷便正式铺展开来，同时也埋下了西汉王朝王氏外戚专权的根子——王家兄弟同一天有五个人受封加爵，以后这几个兄弟都成了列侯，所以又有“五侯”的叫法。“王氏子弟皆卿大夫侍中诸曹，分据势官满朝廷。”一时间，朝廷百官之首的“大司马大将军领尚书事”一职，差不多全别为王氏一家所占，最大的是王凤；往下，按照次序是王音、王商、王根、王莽等，构成了王氏外戚独霸朝纲的政治局面。

王凤辅政了十一个年头，在阳朔三年病死。

继替王凤权势的是对王凤卑恭的像孝顺儿子一样的王音，外戚政治气焰在王音执政下比不上王凤。

就是这个时候，成都侯王商患疾，竟然使成帝把明光宫借给了他，让他消夏避暑。再后来，王商又把长安城凿穿，将澧水引进自己的庄宅里用来划舟游玩。成帝驾临他家的时候，发现他竟为了引水就将长安城墙凿了个大窟窿，内心里极为恼火，然而并没有发作。隔了一些时日，成帝又便服私访，途径曲阳侯王根的家门前，发现他们家园里的土山渐台与未央宫里的白虎殿很相像，对于这些不良的越轨做法，汉成帝终于发起火来，训斥车骑将军王音：

“真是胆大包天，竟然如此藐视皇家！”

王商、王根兄弟便欲自己黥劓去到皇太后那里请罪。成帝知道了更是大怒不止，便想要治他们两个的罪，写了一张诏书对王音道：

“外家这是要做甚？为什么要自己黥劓，在皇太后前面相戮辱？这样，不但伤了做母亲的心，更重要的是这样会危及到国家社稷。外家宗族势力太强了，朕势弱已经很长时间了，现在把他们一起治罪。你转告别的诸侯，令他们于自己的家里待罪吧！”

第二天，王音来请罪，王商、王立、王根也都来负荆请罪，汉成帝看他们那个样子，也不再忍心诛杀他们了。这样，事情也便不了了之了。

从这个事件可以看出，王音执政不像王凤那样势强。然而在王氏家族里就“臭名”来说，史书对王音的评价相当高。《汉书》道：“王氏爵位日盛，惟音为修整，数谏正，有忠节。”辅政八年，谥号“敬侯”。继替王音之位的是王商，王商辅政四年，没有什么成绩，谥号“景成侯”。王商之后，辅政的人本来应当是王立，但王立犯了罪过，汉成帝废掉王立而起用了王根。

因为王政君的专权和后来王莽的篡汉建新，后世对王氏的辅政一般很是蔑视。的确，以前的人谈史，“正统”的观念根植得非常之深，权臣加上外戚专权的身份常常让王政君沦为被批评的对象。实际上，前人所忽视的是王氏早期的执政也是有一定政绩的。人们都知道，成帝以不理政事而被后世的帝王当做反面教材。然而一般都把当中的因由归结到成帝的大权旁落，实际上最为主要的因素当是成帝的专爱声色与犬马，并且此种趋势在王凤死了以后更为严重。在王凤专权的时候，成帝心里还有所顾忌，行为还算是小心，因此王凤的威望在客观上对于成帝来说还是有一定好处的。王音立朝辅政的时候，虽然威望不如王凤，可恰像前面说的那样，王音是“数谏正，有忠节”。《汉书·五行志》里记载有王音的一份奏折：

陛下安得亡国之语？不知谁主为佞谄之计，诬乱圣德如此者！左右阿谀甚众，不待臣音复谄而足。公卿以下，保位自守，莫有正言。如令陛下觉寤，惧大祸且至身，深责臣下，绳以圣法，臣音当先受诛，岂有以自解哉！今即位十五年，继嗣不立，日日驾车而出，失行流闻，海内传之，甚于京师。外有微行之害，内有疾病之忧，皇天数见灾异，欲人变更，终已不改。天尚不能感动陛下，臣子何望？独有极言待死，命在朝暮而已。如有不然，老母安得处所，尚何皇太后之有！高祖天下当以谁属乎！宜谋于贤知,克己复礼,以求天意,继嗣可立,灾变尚可销也。

总的来说,王政君辅政的性质应是分着期的,并非死板一块,后世的人也不能全部给予否定。最少于客观上,也有劝谏和辅佐的作用,并且此时的王政君也并没有想到要夺取汉室江山,于皇帝不能有所作为的情况中,王政君颇为有效地执政,实际上还稳定了成帝以来的社会格局,让它不致于忽然一天被颠覆。至于以后的王莽利用王氏一脉逐渐积累下来的权势地位,改朝换代当皇帝,那就应当另作别议,不可一概而论。

王莽篡立 改朝换代

汉成帝于绥和二年驾崩,定康王刘康之子刘欣登基,是为汉哀帝。哀帝又于元寿二年驾崩。哀帝没有儿子,在哀帝驾崩的那一天,王政君逼着哀帝将军政大权托予了王莽。王莽又重新登上了大司马的宝座。他与王政君迎立中山王刘兴只有 9 岁的儿子刘衎当皇帝,是为汉平帝。

平帝年龄太小身体有病,无法临政。这样,王政君便临朝称制,行使皇帝之权力。她依赖的是娘家人王莽,就把政务托付给了他。

实际上王莽早就窥视着皇帝的宝座。他拉帮结派,排挤和自己政见不同的人;还沽名钓誉,广施恩义。通过数年的经营,他将朝政大权几乎完全掌控在了自己的手里。

但是,此时的王莽依旧是不敢惹太皇太后的,衰老的太皇太后还拥有非常大的权力。为了大权独揽,王莽就让爪牙们上书,说太后太尊贵了,是第一重要的人物,最好不要太过劳累,保重身体要紧,那点琐碎的小事就不要亲自过问了。太皇太后听了心里甚是喜欢,说:

"多谢你们关心哀家,从今往后除了封侯赐爵的事一定要向哀家奏明,其余的事就全由王爱卿来决定吧!"

时间一天一天过去,平帝慢慢地长大成人了,王莽感觉平帝对他的专权很是不高兴,便就先下手为强毒杀了平帝,又拥立了一个只有两岁的刘婴为皇帝。

太皇太后根本不会料到，她一手栽培的侄儿王莽竟然要夺取她子孙的江山！然而，后悔也晚了，这个时候朝廷大权已经整个落到了侄儿王莽的手里，自己只是有名而无权了，要想阻止他篡汉自立已经是完全不可能的事了。此时的太好感觉自己很无力，就像狮子被砍了四足捆起来了一样。

至公元8年，王莽废黜了小皇帝刘婴，于那些阿谀奉承的爪牙的欢呼声里穿上了皇袍，戴上了皇冠，堂而皇之地登上了龙椅以后去谒见太皇太后，说自己秉天承命，取汉而立，建立新朝。使以前手握实权的太皇太后这时候只有愤慨、怒骂的份儿了。

第二年的正月初一，于未央宫前殿隆重地举行了新朝皇帝登基大典。王莽坐上龙椅面南背北，文武百官跪倒一大片，“山呼万岁”地朝贺。王莽奉太皇太后“新室文母太皇太后”的玺绶，这是改换汉朝的称号。

王莽取汉自立，美中不足的是，心里还想着唯有接管了汉室的玉玺，方表明是真正取代了汉室的江山。王舜对王莽说：

“皇上，可以向新室文母太皇太后讨要玉玺呀！”

王莽稍一沉思，那只有讨要了。所以，他当上皇帝后没有多长时候，就急急忙忙地派王舜到长乐宫往姑母太皇太后索要传国玉玺。

太皇太后极为愤怒，手指王舜大骂道：

“王舜，你家蒙受刘氏皇恩，不思回报，却趁刘家人少力薄，助王莽反叛。似你们这般人，真是猪狗不如。何况他自己以金匮符命当了新皇帝，想改换正朔服制，也应当自己重制玉玺，让他流传万世，为什么非要用这个亡国的不祥之玺呢？哀家身为汉室的老寡妇，活不了几日了。哀家死了，便使此玉玺陪葬，他王莽不要想着能够得到！”

王舜趴在地上，羞愧得脸红汗流，两腿打颤，好长时间才敢抬头对太皇太后说：

“皇上一定要得到，太后现在不给，以后还能不给吗？实在没有办法呀太后！”

太皇太后心里颤抖了一下，害怕王莽得不到“汉传国玺”，狗急跳墙，真会杀了自己，于自己不利，便拿出玉玺，摔于王舜的面前，大骂道：

"哀家老得快要死了,你们兄弟将来必然会有灭族的报应!"

汉朝于宫里侍奉的官员均着黑貂,王莽改换成黄貂。太皇太后想念汉朝,横下一条心就是不按新朝礼仪着黄貂,并且传令身边侍从也不着黑貂。王莽见此,也无有什么办法。

王莽取汉的第五年二月,王政君在悲愤、忧郁当中过世了,享年84岁。新朝皇帝王莽宣布给她服丧三年,且把她安葬于汉元帝的渭陵(今陕西)陵城的司马门里。王莽于这两座相距了114丈的陵冢当间掘了一道深沟,表明新室文母和汉元帝的没有任何关系。

貌美德邵的皇后阴丽华

名后小册子：阴丽华(4 年—64 年)，南阳新野人。东汉王朝开国皇帝刘秀的次任皇后。阴丽华以貌美德邵著称于世。史载，在刘秀还是一个没落皇族的时候，就很是仰慕阴丽华的美貌，禁不住叹道："娶妻当得阴丽华"。刘秀当皇帝以后，阴丽华便成了他的爱妃，极受他的宠爱。建武十七年，也就是刘秀荡灭群雄、统一天下以后的第 5 年，阴丽华当上皇后。阴丽华逝于永平七年，当了二十四年皇后，和刘秀合葬在原陵。史载：阴皇后在位的时候，贤淑端庄，不喜玩笑，有母仪天下之姿。并且内持恭俭，外抑宗族，堪称一代贤后。

刘秀少年时代便立了一个心愿——做官应做执金吾，娶妻当得阴丽华。这种心愿在一般人看来对他只不过是不现实的梦想。当时汉朝已历经十二帝，总共有二百一十三年了，刘邦子孙那么多要一一照顾周全也是不可能的，更何况当时王莽已经改朝自立，刘氏子孙更会遭致到无情的打击，刘秀他们一家早已经没有了贵族的身份，于乡里的财势和声望方面，刘秀家可能还不如阴丽华家，刘秀纵然知悉阴丽华貌美，然而要真正将阴丽华娶过来当自己的老婆，那还是痴人说梦的事，刘秀当时只是心里在想而已。没想到后来果真如愿。他当了皇帝以后，想封阴丽华作皇后，然而她却不答应，还坚持要刘秀改立郭妃为皇后，因为郭妃的父兄都是光武帝在夺取江山过程中的有功之臣。这样，郭妃便当了皇后。然而终于后来被废掉，阴丽华这才得以当上了皇后。

貌美的阴丽华

刘秀少年时代游学长安，回来的时候，已经是一位风流俊俏的青年公子了。那时候阴丽华比刘秀小九岁，还是一个稚稚嫩嫩的少女，还远不及结婚的年龄。然而刘秀还不曾见到她，可“阴丽华”这个名字一传到他的耳朵里，他就开始浮想联翩了，他想此名字真是妙不可言，主人肯定也会是貌若天仙的人。

果然一见面，阴丽华的美貌就让刘秀心颤不已，于是他便暗下决心：“娶妻当娶阴丽华！现在不娶，以后一定要娶！”

刘秀的姐姐是邓晨的妻子，邓家与阴家也有一定的姻亲，总是来往。刘秀游学回来以后住在邓晨家里，因为很谈得来，刘秀与姐夫也随之成了好朋友。

那一天，邓晨领着刘秀去找阴丽华的哥哥，正碰上阴丽华于院子当中浇牡丹花。

阴丽华的丽容在牡丹花的映衬下异常妩媚动人，刘秀顿时被吸引住了，站在那里好半天挪不动步。

姐夫邓晨瞅瞅刘秀，看看阴丽华：他们两个俊男美女，真是一对儿呀！可是想想，又禁不住自己摇头。

刘秀回过神来脸红红地对姐夫笑说：

“这院里的牡丹花真是美艳无比呀！”

姐夫也不说破他，反正阴丽华的哥哥还没有回来，就让他多看一会儿吧。

喜欢上一个人只是一分钟的事，只这一回，刘秀便忘不了阴丽华。

然而邓晨却总是打击他，说：

“假如是以前，你和丽华还是很般配的。然而如今，咱们家境这样，拿什么娶人家呢？阴家不管怎样，是大户，他们会愿意吗？阴家又只有阴丽华一个女儿，心肝宝贝一样！”

德邵的阴丽华

那时候，刘秀的最大的心愿是发大财。

有一日，他于长安街市上，看到执金吾出巡，前呼后拥，车骑很盛，很是威武，这样便又想要当个显宦，说“仕宦当做执金吾！”。“执金吾”和如今的首都卫戍司令职位差不多，刘秀那时候在政治上最大的希望也只是当个执金吾。连他自己也想不到他以后会成为中兴汉室的皇帝。

假如聪明美貌的阴丽华过早就嫁于了刘秀，而且刘秀又可以于王莽政权里谋取一个前途，在如花娇娘的拖累下，刘秀可能就会安于现状，不再有拼搏寻求进取的斗志和大气了。怎奈许多士族少年去阴家求亲，全遭到了婉转的拒绝，刘秀更加不敢贸然而动了；再说了，要想于王莽新朝取得站脚的地方，那也是多么不容易的事情，何况他还是王莽所要排斥的刘氏子孙。为了实现他的这两个“宏愿”，现实逼迫着他不顾一切地谋求发展。

王莽当了皇帝之后，接连推行了不少雷厉风行的政治措施。比如：恢复井田制，设置六关、五均、赊贷等经济制度，改革币制，复古建制，变更官制。可是由于考虑不到，照抄照搬，操切不力，政令繁多，就难以避免地造成了经济萧条，民生凋敝的局面。再加上连年荒旱，盗匪成堆，更是弄得民怨沸腾。

那时候，樊崇在山东一带起义，将红颜色抹在眉毛上，为“赤眉军”；王匡在湖北起义，为“新市兵”；王常在江陵起义，为“下江兵”；陈牧在荆襄起义，为“平林兵”；刘秀也自长安回至家乡，号召乡亲们拿起来武器来抗暴，叫做“春陵兵”。

随后，刘秀与他的哥哥刘縯领导的“春陵兵”和王匡、王常等人的义军合兵一处，号称“绿林军”。为了顺应人心思想汉朝的潮流而拥立汉朝宗室刘玄当皇帝，用“反莽复汉”作号召，换元改始，一路攻打，中原地区都全归顺。

在推翻王莽政权的过程里，功劳最大的是刘秀。公元 23 年，王莽主力四十二万人把数千“绿林军”包围于昆阳城里，是刘秀带领十八个人突围而出，引回援军三万多，用以少胜多的战术，将王莽的军队打得稀里哗啦。自此开始，“绿林军”乘胜攻打，迅速推翻王莽的新朝，夺取了长安。

即于这个时候，跟从刘秀转战南北的阴氏兄弟，说服父母，将妹妹阴丽华嫁于了刘秀，也正由于两人的结合，刘秀方避开了更始皇帝诛杀功臣这一难。

更始皇帝首先杀了刘秀的哥哥刘縯。刘秀外表还只能装笑脸，要哭也是晚上一个人躲起来暗地里哭。阴丽华全力劝解丈夫：

“更始皇帝没有丝毫心胸，有一点小规模就耽于酒色。我们要自保，还不如往河北方向发展，也好趁机独立大旗。”

刘秀思量思量觉得妻子的话，说：

“爱妻说的极是！”

阴丽华的一番言语为刘秀明确了一条正确的路子。他们全部盘算好了，新媳妇阴丽华就回到娘家小居，刘秀用有名而无实的特使虚职，领着几百人马涉过黄河，途中抚辑难民，废掉苛政，排解万难，争取民心，获取了河北诸郡的爱戴及拥护，刘秀即是用这个为基础，建立了东汉政权，他属下的“云台二十八将”也有很多是这一带的人，完全可以说阴丽华不光让刘秀躲灾，并且还促使他建立了一个国家。

那时候，邯郸那里有一个算卦的术士名叫王郎，趁群雄并起的时机，谎称自己是汉成帝的儿子刘子舆，自立当王，其势甚大，成了刘秀于河北扩展自己的重要阻力。为了完全消灭王朗，刘秀必得凭借刘扬的军队，来达目的。刘秀以娶刘扬的外甥女郭氏当妻子为代价，最后才借来了十万精兵，从而打败了假皇子，扫清了整个河北。这样他就取得了另树大旗的资本，没过多长时候就在部南的千秋亭登上了帝位，以建武作年号，将洛阳作为国都。

但是在封皇后的时候却让皇帝刘秀烦恼：到底让谁当皇后呢？郭氏和阴丽华？虽然郭氏是刘秀患难时候和刘秀结成的夫妻，虽然在戎马战争里，郭氏一直追随在刘秀的身旁，且已经身怀有孕，然而结发妻子阴丽华才是刘秀的最爱，郭氏只能得一个贵人的称号。刘秀一心想着要将皇后的位置留给阴丽华，连忙遣侍中傅俊把阴丽华接到洛阳。谁想阴丽华却道：

“患难情分不能忘，况且郭贵人已经有了身孕！”

阴丽华坚决不愿意当这个皇后，光武帝没有办法，只好把郭贵人改立为皇后，阴丽华当贵人。

历代后宫都是你争我夺，阴丽华如此的人格在当时的封建社会是多么的伟大啊！

阴丽华这样伟大的谦德和她良好的家庭教养是密不可分的。刘秀他们刚刚打下了江山，阴丽华的哥哥阴识由于跟随刘秀有战功，刘秀原打算破格封赏，这也是对阴丽华的补偿，但是也同样受到了阴识的谢绝，阴识说：

“江山始稳，有功劳的将帅很多，臣依靠外戚的关系，不可以让天下的人认为陛下不公平。”

此为建武二年的事。

倏忽又过两载，阴丽华跟随刘秀讨伐彭宠，于河北产下一个儿子(汉明帝)。阴丽华的另外一个哥哥阴兴那时候正当黄门侍郎，指挥武骑，随军征讨，用现在的话说也算是国家元首的贴身侍卫长，但凡皇帝出入，他就拿一个黄色的小盖伞给刘秀遮风挡雨。

建武九年，刘秀将他封作侍中，赐爵关内侯，印绶已经准备完毕，阴兴也坚决不受，说：

“臣没有多大的功劳，而臣一家几口人都蒙恩受到封赏，如此反而会让天下人所失望，这也是臣实在不愿看到的事。”

事情过去以后，阴丽华私下问哥哥道：

“当初你为何要那样说呢？”

阴兴反唇相讥道：

“贵人不读书吗？亢龙有悔，盛极则衰，难道外戚家就不晓得谦退吗？”

刘秀于当皇帝以后的十年当中，恩威并重，最后终于让天下人顺服，完成了大一统的局面，然后转为偃武修文，休养生息，重视人才，保全功臣，崇尚文明。阴丽华也相继生育了五个儿女。

建武十七年，因为诸多因素，刘秀废掉郭皇后，封立阴丽华当皇后。

刘秀亲自动手草诏，告白废郭皇后改封阴丽华之原因：

皇后郭氏，怀执怨怼，数违教令，不能抚循他子，训长异室，宫闱之内，若见鹰鹯，既无关雎之德，而有吕霍之风，岂可托以幼孤，恭承明祀？今遣大司徒戴涉，宗正刘吉持节，缴上皇后印绶。阴贵人乡里良家，归自微贱，先是固辞后位，长久恭谨廉让，宜奉宗庙，为天下母。异常之事，非国之弱，不得上寿称庆。

这样，光武帝刘秀对爱妻阴丽华长时间的亏欠，也终于有了补偿的机会。

虽然，阴丽华实在无被封为皇后的想法，可是由此也说明了刘秀对她的真爱，心里当然甚是喜欢。然而，她还是本色不变，仁厚恭俭，自抑谦让，不喜随便玩笑，对上谨慎柔顺，对下矜惜慈爱，天下人皆赞她是贤德皇后。

刘秀当皇帝三十二载，天天临朝办理朝政早出晚归，午后总是召集文臣郎将，谈经论书，晚上还要秉烛夜读，不到夜阑更深不睡觉。有一天皇太子利用父亲休息的时候加以劝说：

“陛下拥有大禹和商汤的圣明，却没有黄老养生的福分，万望陛下颐养精神，使自己的身体健康！”

刘秀宽厚地笑说：

“朕自己很高兴做这些事情，而不晓得疲倦！”

阴丽华皇后一生谦德，相夫教子，打理后宫，从不曾逾分干预政事，尤其很会制约家里人，和历史上绝大多数皇后不一样，一人得道，鸡犬升天，甚至将朝廷弄搞得乌烟瘴气。刘秀一生宠信阴丽华，尽凭她的协助而没有后顾之忧，全心料理国家大事，这才成就了“光武中兴”的局面。

刘秀死了以后，汉明帝即位，阴丽华被尊作皇太后。又过了七载，阴丽华也因病而逝，活了六十岁，合葬于刘秀的身旁。

皇帝的婚姻，在中国历史上很少有幸福圆满的结果。而刘秀、阴丽华二人少年相爱，两小无猜，结作伉俪，情深似海，久历战乱，最终可以白头偕老，此为世所罕见，即便是近现代国家元首一级的人物，也要羞赧自愧。

四德并臻的皇后邓绥

名后小册子：邓绥(80 年—121 年)，东汉和帝刘肇的皇后，历史上被称为邓太后，被誉为“皇后之冠”。刘肇驾崩的时候她才 25 岁，先后策立殇帝、安帝，用太后的身份坐朝听政，执政有 17 年之久，成为实际上的“女皇帝”。邓绥是南阳(今属河南)新野人。邓绥出身显赫。她的爷爷是东汉开国功臣邓禹，位至太傅；她的父亲邓训是护羌校尉，在汉朝边疆做官十数载，因此于少数民族当中享有非常高的威望和声誉；她的母亲阴氏，是光武帝皇后阴丽华从弟的女儿，完全能够说一家显赫。所以邓绥自小便可以享受到非常好的教育，她从小便通读经史，对孝顺的勤谨学习和实践，尤其是不会缺少的。

东汉中晚期，是一个非常莫名其妙的时代，一个非常迷惘的时代，它上承令后世的人极为怀念的西汉盛世，又下启充满英雄史诗色彩的三国，而夹在这两段历史当中的东汉便显得有点不知所以然。假如把此段时期放在绵绵数千年的帝国历史长卷上来看，它即使说不上国祚沉沦、黄钟毁弃，然而却是任由宦官和外戚交织演奏成为一个瓦釜轰鸣的年代。而邓绥——这个历史上首位垂帘听政的皇后，便是当中不能不用重彩浓墨书写的人物。

少年大德

历史书上有关汉和帝皇后邓绥的记载自她五岁之时便开始了。

历史书上有如此一个小故事，邓绥五岁之时，太傅夫人非常疼爱她，亲自为她修头发，太傅夫人年纪大了，眼睛也有些花了，一不小心便会误伤到邓绥的脑门。邓绥忍受着疼痛不出声，左右侍从便极为吃惊，问她原因，邓绥道：

"我并非不痛，可是太夫人因为疼爱我才为我剪头发，我害怕伤了她老人家的心，因此忍住疼不说罢了。"

6岁邓绥会诵《史书》，12岁通晓《诗经》、《论语》，他们家里的兄弟每次诵经读传，全请教于她。邓绥打小便对典籍很有兴趣，但不学治家的事情，那时候母亲便批评她道：

"你不习女红做衣服什么的，却如此用功读经习传，难道你意欲考取博士啊？"

邓绥为了不违逆母亲的教诲，便白天修习女红，夜里诵经读典，家里人全笑她是"诸生"。父亲邓训却感觉邓绥异相，极为聪慧，所以遇到不论大小事，全先和邓绥商量一下，邓绥的看法，总是使她家兄弟难以相比的。

由于出身与品性的缘故，邓绥的入宫道路是极为容易的。邓绥在永元四年原应入选宫中，由于那时候她的父亲邓训不幸去世才没有去成。邓绥极为悲恸，在服丧的三年期间，因为不再吃有盐的饭和菜，所以脸面憔悴，亲人都几乎认不出她来了。《后汉书》于记述皇后邓绥的时候，也有如此的记载。说邓绥小时候曾经梦见过自己摸到天顶，天有着青青的颜色，浩浩荡荡，没有边际，仿佛石钟乳一般，邓绥即昂起脸来以口接它的乳汁来喝。

家里的人去询问占梦的人，占梦的人道：

"尧曾梦见过自己爬至天上去，汤曾梦见自己上了天以后用自己的舌头来舔天，这些梦境全是原先曾有过的圣王之占，这样的预兆真可谓是贵得无法说呀。"

还有些相面的人看到邓绥以后极为吃惊地说：

“这是成汤才有的骨骼啊！”

家理的人全非常的喜欢，却保密不敢说出去。邓绥的叔叔邓陔道：

“我总是听说给一千个人活路，子孙就能封爵。我哥哥邓训当谒者之时，皇帝遣他去修石臼河，年年全救活数千人。天道能够相信，我家一定可以蒙受这份福祉的。”

刚开始的时候，邓绥的爷爷太傅邓禹也慨叹道：

“我虽然曾经率兵百万，可从没有随便妄杀过一个人，在我的后代中必然会有光宗耀祖的人啊。”

邓绥在永元七年又和各家的女子一道被选进宫里。邓绥身体苗条修长，容貌体态也都异常美丽，实实在在为绝代佳人，真是出类拔萃。永元八年冬季，邓绥进入皇宫当了贵人，那时候她还只有16岁。她恭敬严谨，抬手动足全恰到好处；她当时服侍的是阴皇后，日日夜夜总是小心谨慎；她还很关心相同级别的嫔妃，总是宽人律己，即便是宫女奴仆，她也都加以怜爱，给予恩泽。所以，她在宫里的人缘极好，和帝也非常喜欢她，可以说对她是极为的宠爱，当邓绥生病的时候，还特意请她的母亲和兄弟进宫看护，来照料她的医药和起居，并且不限定时间，可以随时进宫。邓绥便对汉和帝进言：

“皇宫的守卫极为重要，要使宫外的人长时间居住在宫里，对陛下来说，别人将会讥讽您宠幸偏爱的；对妾身来说，别人又将会诽谤我贪心不足。上下都会受到损害，这是妾身不愿见到的事。”

汉和帝道：

“人家都把家人可以屡次进宫当成荣誉，贵人反而为此担心，制约与委屈自己，实在是别人无法相比的啊！”

每逢宴会的时候，嫔妃们皆争着装扮自己，耳环发簪，忽明忽灭；衣衫裙子，明亮鲜艳；唯有邓绥一个人身着朴实的衣服，不戴一件饰物。假如她的服色不巧与阴皇后的一样，便立刻诚惶诚恐地脱下来更换其它衣服，说：

“该死该死！”

假如她与皇后同一时晋见皇上，她便不会正坐，单是站在一边，走动的时候也是曲身弯腰，来说明自己的地位卑微。在汉和帝有问题问她之时，她便总是退于后边，不敢抢于阴皇后的前边回答。

和帝明白邓绥屈己劳心，常感叹道：

“德行修养太辛苦，竟然达到了此样程度啊！”

后来，阴皇后慢慢被皇帝疏淡，每逢皇帝要宠幸邓绥的时候，邓绥便婉拒说自己身体不适。

那时候皇帝屡番丧失皇子，邓绥害怕皇帝的子嗣太少，总是流泪叹息，屡屡挑选才人向皇帝进献，来博取皇帝的欢心。

阴皇后看称赞邓绥德行的人越来越多，不知该如何是好。她害怕自己的地位因此而不稳，便暗以巫术进行诅咒，意欲阴鸷邓绥。汉和帝病得非常严重，阴皇后暗地里对人说：

“假如哀家有一天得势，必然将邓家杀绝！”

听者看着她，嘴张成了“O”状。

邓绥知道这件事以后，流着泪对身边的侍从道：

“我全心全意地伺候皇后，没想到得不到她的保护，却犯了死罪。纵然女性无随丈夫一道死之理，但是周公请求以自身换回武王的性命，越姬誓为楚王而死。如此，第一能够报答皇上之恩德，第二能够免掉宗族之祸灾，第三不会让阴皇后把我变为人豕。”

言毕就欲饮毒自杀，一名叫赵玉的宫女急忙阻止了她，哄骗她道：

“刚才使节来报，皇上的病已经都好了。”

邓绥相信了，才没有服毒。翌日，皇帝的病果真痊愈了。

阴皇后于永元十四年夏由于用巫蛊的事情败露而被废。邓绥给她向皇帝求情，然而没有能够免了她的罪。正是由于邓绥如此的仁厚之心，汉和帝对她便更为珍爱，邓绥即托言病重，把自己和外界隔离开来。适逢有官员上奏皇帝请求设立长秋宫，也就是让皇帝立后。汉和帝道：

“皇后与朕同样尊贵，要承奉宗庙，母仪天下，这难道是容易的事吗？邓贵人的德行在后宫里最好，这是有目共睹的事，独有她方能够担当皇后的重任。”

这年冬季，便把邓绥立为皇后。那时候，邓绥还是再三地推辞，最后才当了皇后。她亲自写信以表谢意，极力说明自身德行浅薄，没有当皇后的资格。

如此看来，邓绥的取后之道并不是处心积虑，更不能称为“宫争”。

相反，她完全依靠的是极传统的“四德”而使汉和帝、后宫、朝廷以及全国百姓对她大加称赞的。她的四德，尤其是德，对于那时的女子来说，是很少有人相提并论的；她的言、她的功，同样是不容男子小视；至于她的容貌，那已无需多言。因此说，邓绥是以差不多完美的形象登上皇后之位的。

汉和帝于元兴元年驾崩，皇长子平原王有疾，而先后有十来个皇子全很早便死了，因此便将以后生的皇子暗暗养于民间。殇帝出生只有一百天，邓皇后便将他接回宫来当了皇帝，邓皇后被尊作皇太后，临朝听政。过了一年，殇帝夭折，邓太后立安帝，依旧主持朝政。

京城地区于永初二年夏天，遭旱灾。邓太后亲至洛阳官署调查冤狱。有个囚犯因为屈打成招而被定为杀人犯。他身体羸弱，以车将他拉来觐见太后，在官吏面前又胆小害怕，不敢诉冤，直到就要离开的时候，才抬起头来微张着嘴露出仿佛有话要说的样子。邓太后的心思极其的细微，她即刻察觉到了，遂将他唤回，问明情况以后，即时便将洛阳长官抓进了监狱来抵罪。邓太后尚未回至宫里，一场瓢泼大雨便从天而降。老百姓都站在雨下拼命地大呼说：

“这是邓太后的贤明感动了老天爷啊！”

勤俭治国

就勤俭治国方面来说，在历史上邓太后也是极为突出的，所以多被后人所赞颂。

汉和帝的时候，方国全争着寻找珍奇华丽的物品进贡给朝廷，打自邓绥当了皇后之后，遂命令皆禁止这样做，每年单于年末进贡纸、墨便可以了。

汉和帝驾崩以后，身为太后的邓绥尽可能地降低宫廷内外之用度。一方面，消减了太官、导官、尚方、内者的珍馐佳肴及难成之物的用度，在祭祀陵寝、宗庙以外，稻米、谷米全不可细择，每日独有一顿是有肉的。以往太官、汤官每一年所费差不多有二万万钱，太后颁令阻止，每日慢慢降低珍奇食品的费用，从此以后年年只用数千万。就是各郡国之贡品，太后也尽皆将它们降低了一大半。

殇帝夭折以后，邓太后立安帝，她依旧主持朝政。因为连年遭受大丧，百姓劳役太苦，因此邓太后便把殇帝康陵墓穴里的随葬品与修建陵园等事节全部加以降低到原先规定的十分之一，没有丝毫的铺张与奢华。

永初七年1月，邓太后来到太庙，斋戒七日，赐给百官们不同级别的东西。庚戌，祭典宗庙，带着后妃们行礼，与皇帝一起献祭，礼毕回宫，遂下诏道：

“贡献的新鲜食物祭品，有很多不是它们生长之规律，有些尚在培育，勉强它们成熟，有些挖掘而获得它们的萌芽，味尚无完备却阻断了它们的生长。这便是顺天应时养育万物？传书中说‘不当时令的东西不吃’，自今往后用来供奉陵园宗庙祭祀与供给皇宫的食物，全部需合乎时令方可以贡上。”

那时候，总共消减的食品足有二十三种之多。

依照先前惯例，汉代每年年末会举行宴会犒赏将要退役的兵士，举办大型的仪式以驱逐疾病瘟疫。因为连连发生战争，太后下诏颁令宴会无需设戏玩乐，降低一半仪式人员，裁消大象、骆驼等仪仗用的动物。

邓太后临朝执政以后，连着十年闹水灾、旱灾。国外，周围少数民族入侵；国内，盗贼蜂起。但是邓太后一得知有人挨饿，就总是会整日整夜睡不着觉，然后自己便首先降低供给，来减缓灾患。如此做以后，天下又总是恢复平和，喜获丰年。

宽慈仁厚

邓太后对于和自己有关的事情全极为节俭甚至是苛刻，然而对待那些曾经和自己争斗与自己为难的后宫嫔妃们却异常仁厚。汉和帝入葬之后，宫女们尽派归陵园。

邓太后在赐予周贵人、冯贵人的策书上道：

“哀家与贵人同居于后宫里，以一样的等级融洽相处了十数年。无获得什么福佑，先帝过早辞世，哀家内心孤单寂寞，无瞻仰之人啊，每天每夜尽在深深地怀念，万分感伤。现在要依照朝廷的典章制度把你们分派至宫外的陵园去了，因此更加感叹凄惨，'燕燕于飞'的诗篇，虽然感伤，可怎么能表达哀家此时这样心情呢？今赐予贵人皇上用的青盖车，车轮用的彩色装饰，分别配有驾车的马四匹，赐予三十斤黄金，各色绢帛三千匹，四千段白色越布。"

又赐予冯贵人国王用的红色绶带。因为她们无脑袋上的首饰与环佩，便赐予她们每人每种一套。

汉和帝的第一任皇后阴氏曾说过："假如哀家有一天得势，必然将邓家杀绝！"所幸的是她的愿望无有实现。和她有着鲜明对比的邓太后，自对阴氏一族的看待上，可见她是多么的宽厚和仁慈啊——那时候的邓太后同情阴氏由于犯罪而被废黜，便赦免了他们家族里被流放的人，使他们回到家乡。更为可贵的是，一辈子勤俭节俭的邓太后还下令赐予他们五百多万的财资。

邓太后曾经颁诏于各园里的贵人，假如宫女当中家里有年老体衰无法胜任差事的同族人员，使园监核实之后报上来。邓太后亲至北宫的增喜观来视察慰问她们，还下令任由她们离去或者是留下，即下免罪遣送宫女五六百人。

邓太后于永初三年秋季身体不好，总是患病，身边的侍从们都很是担忧，暗地里为她祈祷神灵，说愿意用自己的小命来换取太后的身体康健。邓太后知道以后，立时大怒，严格命令掖庭令以下的各级宫官，只能给自己犯的错误祈求福祉，不可以随意说如此不吉祥的话。

邓太后的不信鬼神这种品性与谶纬观念在很是盛行的汉朝无疑是极为难得和智慧的。

就像前面所说的那样，邓皇后降低了各种宗庙祠堂仪式的用量，其实此种做法在朝廷尤其是宫闱当中是很难想象的。古时候，凡是祭祀这样的事，总是极尽奢华。然而邓太后却认为鬼神不一定是有的事，太过祭祀不一定就能求来福佑，所以屡次颁诏下令有关机构查禁各种不符合典章礼仪的祠官。而在自己宫廷的各种祭祀当中，凡是符合法度，只要能减便减，殇帝驾崩的丧葬便是很明显的一个例子。

邓太后重视教育这点在前面也提到一些。邓氏6岁的时候可以读《史书》，12岁的时候通明《诗经》、《论语》，从小受过的教育不单单是"三从四德"的妇业教育，因此她的眼界和心胸都和她所受过很好的教育有关系。

传说，四大发明之一的造纸术和邓皇后就有着极为密切的关系。邓皇后当上皇后以后，下令方国不要奢糜，年年只在年末进贡纸、墨便行。那时候的宦官蔡伦也是在这样的鼓励下，极为努力地进行造纸术改进的。蔡伦为东汉和帝时候的宦官，当尚方令，对宫中日常之用负责监制。

邓太后打自进宫以后，跟着曹大家学习经书，也学天文及算术。她白日办理国家大事，晚上苦读书籍，还害怕经书当中会有错误出现，担心与典章制度不合，遂广为征召有学问的大儒和博士、议郎、四府掾史等五十余人，至东观校对经传和古籍。校对完毕以后奏报，分别赐予他们数量不等的葛布。还诏令宫中的近侍官员至东观学习经传和古籍，以便来教授宫女，宫里的侍从们皆诵习经书，天天早晚一堂济济，很是热闹。

邓太后于元初六年下诏和帝的弟弟济北王、河间王5岁之上的子女四十余人，又召来邓氏近亲的子孙三十余人，全给他们设置了处所，教他们习经读书，自己亲自监考。年龄不足的，便设置老师与保姆，日日早晚进宫，由邓太后亲自抚育教导。且给堂哥河南尹邓豹、越骑校尉邓康等人下诏令道：

“哀家之所以将孩子们召集来学习读书，是因为如今的风气正对历代帝王的弊病承袭极为严重，时下之风轻薄浮浅，取巧为假滋生，《五经》的道义衰落缺乏，不加以教化与引导，便有可能慢慢消亡。所以想要褒奖和推崇圣贤之道，用来改正不好的风俗。经传上早已曾说过，‘饱食终日，无所用心’。当今末世之皇亲国戚、食国家俸禄的人家，马肥裘轻，衣丰食美，但是要使他们向壁攻书，便不晓得是好是坏了。此便为失败与灾祸的根哪。永平年间，樊郭阴马四个姓氏的侯爵子弟全被命令入学，用以矫正风俗轻薄，使之恢复到忠孝上来。先祖父邓禹既能立下武功流传青史，又兼用文化道德教育子孙，所以能约己修身，不触犯国家法律。能让孩子们既能继承祖先的美好功德，又能理解我下诏的本意，那就足够了，要有向上的心啊！”

严束外戚

邓太后深深地明白西汉的结束很大因素是外戚政治，因此，邓太后于此尤其忌讳，更加常戒不懈。

汉和帝屡屡欲要为邓家人加官封爵的时候，邓皇后便苦苦求告，极是谦让，因此她的兄长邓骘于汉和帝驾崩的时候也仅为虎贲中郎将。

邓绥曾经下诏告诉司隶校尉、河南尹和南阳太守说：

"先朝的外戚宾客，依靠威权，轻薄狂妄，扰乱国家制度，对百姓造成危害。这些原因应当是执法官员疏于对他们进行处罚的错误。虽然今天车骑将军邓骘等人恭敬顺从，然而他们宗族广大，姻亲很多，宾客们人心不古，总是触犯法令。你们应当加以明确的检查与发布敕令，不应该相互包庇袒护。"

自此，皇亲国戚犯罪，再不敢庇护与宽大了。

邓氏家族的邓康因为太后长时间临朝执政，心怀害怕，托口有疾而不敢上朝。那时候宫女们能够出入宫廷，当中年龄大的宫女皆称为中大人。太后遣宫女去探问，这名宫女原来是邓康家的婢女，这时候到邓康家嘴里也自称是中大人。邓康对她训道：

"你是打我宫里出去的，也敢在此称中大人？"

婢女回到宫里就向邓太后汇报说：

"邓康大人装病，并且他说出的话还很不恭敬。"

太后没有因为是自己的亲戚而包容，马上罢免了邓康的官职，把他赶回封地，且把他的名字由属籍里除名。

《本纪》里记载邓太后为自家的亲属赐封的极少，只有几例。

邓太后于永初元年为邓氏太夫人加封爵号为"新野君"，食邑万户。于新野君去世以前，邓太后亲自去在左右伺候，一直到新野君寿终正寝。丧期当中，邓太后异常悲痛，守丧认真慎重异于常人。赠予自己母亲东园制作的丧葬用品、长公主红色绶带、玉衣绣花被，又赐予三千万钱、三万匹布。邓骘等人遂坚持不接受钱与布匹。邓太后遣司空领着符节来护理新野君的丧事，礼仪形式与东海恭王一样，以"敬君"为谥号。和王政君家族的"五将十侯"相比较而言，这点只不过是芝麻绿豆的赏赐。

邓太后便是秉持着此种恭敬皇室的态度执政二十多载的。然而，传统是不易改变的，纵然邓太后于主观上力避前朝王氏、阴氏之覆辙，可是于客观上，邓太后的才干是和邓氏家族的兴盛极为密切而不可分的。邓氏中兴以后，一代比一代尊贵，只为侯的就有二十九人，为公的有两人，为大将军以下的有十三人，为中二千石的十四人，为列校的二十二人，为州牧郡守的四十八人，为侍中将大夫郎谒的，多得数不过来。因此这才会导致以后邓氏一族悲惨的结局。

邓绥最为崇尚的是孟子的学说“唯仁者宜在高位”，施政的法则为“政非和不图于心”，把古时候的贤王明君的政治经验当作镜子，“制作旧典，不仿于朝”。临朝听政，大权全掌握在自己手里，真正达到号令己出，大事一个人决定，军政大权绝对不可以旁落外戚及权臣。

堪称洛神的皇后甄洛

名后小册子：甄洛（182 年—221 年）中山无极（现河北无极）人。父甄逸，官上蔡县令，谥号“敬候”；母张氏，封广乐乡君。甄氏原是袁绍的二儿子袁熙的妻子，曹操破冀州时候获之，被曹丕娶作夫人，后作皇后，生子曹睿，后为曹丕郭皇后所谗，黄初二年六月，曹丕赐甄氏死，葬于邺城南。她的儿子曹睿登基以后，被追谥为“文昭皇后”。文昭皇后甄宓美艳绝后，贤良温柔，也很有才学，称得上一代名后。

不同凡俗的甄洛

甄洛小的时候有些不同凡俗之处。一天，姐姐们到阁楼上去看马戏，只有甄洛没有去，她说：

“此等出头露脸之事，怎能是女孩子做的？”

九岁那一年，甄洛用哥哥们的笔墨纸砚来写字作文。哥哥们嫌她烦，说：

“你一个女孩子，拿着笔乱画什么？绣花去吧！“

她则正儿八经道：

“古时候的好女子哪一个不是自古书里学习做人的道理呢？”

东汉末年，朝政混乱，洛阳城内几百万人口遭难。甄家为大富户，母亲趁机以粮食换取金银珠宝去发财，那时候甄洛只有 10 岁，她对母亲的行为极为不满意，还让母亲以自己家仓库里的粮食去救济灾民。

张氏喜欢地接受了她的意见。甄洛的父亲以及两个兄长过早离世，二哥遗下一个妻子和一个儿子。母亲对二嫂不够好，甄洛便劝说母亲应当同情二嫂，还要求母亲和二嫂住在一起，这样可以很好地抚养小侄子。二嫂极为感激甄洛，见人就说甄洛的好话。这样，甄洛的美名就传得很远。

甄洛长成后，嫁给了袁绍的二儿子袁熙。曹操于建安九年打败袁尚，将甄洛赐予曹丕为妻。后来甄洛生一个儿子和一个女儿。儿子就是魏明帝曹睿，女儿就是东卿公主。甄洛聪明不同于他人，并且百般孝顺。曹操于建安十六年七月西征，随征的卞夫人路上患病，身在邺城的甄洛得知了消息，就要求前往照顾婆婆。曹丕找借口不使她去，甄洛很是着急，昼夜啼哭，直到见卞夫人回信，她才高兴起来。曹操建安十七年班师归邺城，卞夫人拉着甄洛的手感动地说：

“我的命实在太好了，我的儿媳妇太孝顺了！”

曹植也深爱甄洛

翩若惊鸿，婉若游龙。荣曜秋菊，华茂春松。仿佛兮若轻云之蔽月，飘飘兮若流风之回雪。远而望之，皎若太阳升朝霞；迫而察之，灼若芙蕖出渌波。襛纤得衷，修短合度。肩若削成，腰如约素。延颈秀项，皓质呈露。芳泽无加，铅华弗御。云髻峨峨，修眉联娟。丹唇外朗，皓齿内鲜，明眸善睐，靥辅承权。

——曹植《洛神赋》

此是曹植为嫂嫂皇后甄洛作的一首赋，他差不多将全部最美好的词汇皆用在了甄氏的身上，真可说是有感而发，那是由于曹植深深地爱恋着甄洛。然而，甄洛却是曹植的哥哥曹丕的妻子，也就是曹植的亲嫂子。于历史中这样的事情所见不鲜，可是，那时候曹丕的势力要比弟弟大得多，怎么可以让他夺爱？曹植为此几乎招来杀身大祸。

实际上，曹丕能娶到甄洛，也费了一番心机。

相传，曹丕跟随曹操打下冀州城。入城以后，曹丕不顾一切地闯进了袁家。这时候的袁家单余一些女人，当中便有曹丕朝思梦想的袁绍二儿子袁熙的妻子甄洛。

此时的袁家混乱不堪，哭的哭，叫的叫。因为袁绍的夫人刘氏抱着甄洛大哭，所以当时曹丕没有看出甄洛，便大叫道：

“甄洛在哪里？甄洛在哪里？”

刘夫人为了保全自己的性命，连忙把甄氏推了出去，惶急地回答道：

“在这里，甄洛在这里！”

曹丕一步飞到面前，拽紧甄洛。

这时候的甄洛虽满脸泪水，但还是掩不住天资，使比她还小五岁的曹丕极为欢喜。曹丕忙安慰甄洛道：

“我是曹丞相的长子，一定会保全你家姓名，你不要害怕！”

这时候，曹操也进来了，一看到甄氏，果然有西施之姿。曹丕见状，急忙向父亲禀告道：

“儿一生别无所求，只要这人在我身边，我便满足了！还望父亲念孩儿已成年尚无妻室，给予成全！”

话说到此，曹操脸红了一下，想随口训一句：“看你那出息！”但话没有出口。

然后，曹操派人作媒，使儿子曹丕娶了甄氏。

甄洛的代表诗作

曹丕当了皇帝后又宠爱了一个姓郭的妃子，郭妃面善心恶，是王熙凤一类的人物，总是在曹丕面前说甄皇后的坏话，善良的甄皇后由此失宠。她内心很是伤感，由此作《塘上行》。人人可由《塘上行》里读出一位妻子对夫君思念到极点的、一往无悔的深情泣诉。但是曹丕被郭妃子所惑，最终还是下了一张让她死的圣旨。在郭妃子的大声奸笑中，曹丕发狠说：

“死！我就是要让她死——”

郭妃子说：

“死了也不能让她好看！”

……

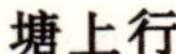

塘上行

蒲生我池中，其叶何离离。傍能行仁义，莫若妾自知。
众口烁黄金，使君生别离。念君去我时，独愁常苦悲。
想见君颜色，感结伤心脾。念君常苦悲，夜夜不能寐。
莫以豪贤故，弃捐素所爱？莫以鱼肉贱，弃捐葱与薤？
莫以麻枲贱，弃捐菅与蒯？出亦复何苦，入亦复何愁。
边地多悲风，树木何翛翛！从君致独乐，延年寿千秋。

大胆改革的皇后冯有

名后小册子：冯有(441 年—490 年)，北魏文成帝文明的皇后，长乐信都（今河北冀县）人，她的祖父冯文通是十六国时期北燕的国君。她在文成帝死两年后亲政，于北魏中期的政治舞台上，是一位不可多得的女杰，是历史上有所作为的女政治家。她亲政期间大胆改革，给北魏历史发展与文明进步奠定了牢实的基础，作出了极大的贡献。

北魏文成帝拓跋濬皇后冯有，于中国历史上总是被习惯地叫做“文明太后”。“文明”，是她作为太皇太后的身份死了以后被加上的谥号。她不单单是北魏历史上成功的政治家，而且也赢得了后继者孝文帝的敬重。在她的一生中，既品尝过成功的快乐，也体会到探索的艰辛；既享受过人际天伦的温馨，也经历了血雨腥风的考验。

父亡国丧

西晋后期，连年战乱，北方的游牧民族趁虚而进，横行无羁。匈奴、鲜卑、氐、羯、羌，争相越过北方草原侵入中原地区，正真形成了“五胡乱华”的混乱局势。

冯有所在的北燕正是在这样的局势当中崛起的一方诸侯。依照冯家的说法，他们的祖先能够上溯到先秦时代魏国国君的始祖毕万。毕万在晋献公的时候因为功劳而封到魏地（今山西芮城）当大夫，毕万就用魏来作为自己的姓氏。秦国侵吞魏国以后，魏氏的一脉流落至山西境里的冯乡，更改作冯氏。自此以后冯氏一族历经多少世变，数经流徙，于三晋之地艰难支撑。到了以后，冯后的曾祖因为军功而慢慢发展，以至发达。他的俩儿子名叫冯跋和冯弘，竟然都一前一后当了北燕的国主。然而没有多长时间，北魏的太武帝攻打北燕，冯弘没办法逃向高丽，且最终也死在高丽。可是他的几个儿子，以冯后的父亲冯朗为头，加之冯崇、冯邈，为了防止遭到后母慕容氏的谮陷，一起逃出了辽西，投靠了北魏。冯朗被加官为西城郡公，领秦(今甘肃天水)、雍(今陕西西安)两州刺史。这时候，冯有皇后还没有来到这个世界上。

冯有的母亲是王氏，乐浪(今朝鲜平壤)人，是冯有的父亲冯朗于北燕的时候所娶的妻子。两人能够结为夫妇，主要是因为北燕与高丽相邻，其次是因为冯跋和高丽国王的远房亲戚慕容云为好朋友。

由于连年动荡不定，一直到跟丈夫去长安做官以后，生活才算一时平稳下来。这时候，王氏夫人给冯朗产下了一个公子，取名叫冯熙，也即是冯有的同胞哥哥。至太武帝太平真君三年，王氏夫人又产下了一个千金，这便是冯有。冯有出生的时候，她祖上建立的北燕已经灭亡有六七年的时间了。北魏太武帝拓跋焘也已经统一了中国的北方，且和南朝形成了对峙的局面。作为北燕国主后代的冯氏家族，于此种南北对峙的大局中，能不能拥有平安的生活，的确很难说。

小冯有出生以后没有多长时间，哥哥冯熙便因为叔叔冯邈战入蠕蠕(柔然，居住在阴山一带的少数民族)，被人挟带着逃往氐、羌地生活，数载以后方找回来。跟着，冯家又抖然遭致了飞来横祸：也许是朝廷对冯有那位曾经当过北燕王子的父亲心存疑虑，也许是冯朗果然做错了什么，总之是冯朗因为一桩大案株连，太武帝下令把他杀死了。依照以往惯例，冯氏由于年龄太小且为女孩，便被充进宫里，变成了拓跋家的婢女。这也还是不幸当中的万幸，并且，冯有于宫里获得了姑妈冯昭仪许多方面的照顾。

原来，冯朗兄弟逃出北燕投靠北魏以后，于北燕大兴四年，穷愁的冯文通遣尚书高颐奉表进魏，谢罪称藩，恳求太武帝，愿把自己的小女儿充进掖庭，来希望放自己一条生路。太武帝应允以后，冯文通便遣人把最小的女儿送到了太武帝那里，这小女儿没有多长时间便被封作左昭仪。冯昭仪于冯氏充进宫以后，动了怜爱之心，因为毕竟是亲人，便求皇帝让冯有和自己住在一起。如此,冯有便没有被叫去学做苦役。因为姑妈对待冯有雅有母德,这时候的冯有虽然依旧是宫里的婢女,然她幼小的心灵里却得到了些母爱一样的温暖。

也多亏了姑妈尽心的照顾和抚养,使小冯有渐渐长大成人。整天耳濡目染,让她慢慢明白了北魏皇宫里的礼仪和当中的微妙关系,为她积累起来了丰富的人生阅历,也养成了她别人琢磨不透的情感和性格。

在冯有11岁那年,宫里发生了一场极大的变故。

北魏正平二年三月,太武帝被中常侍宗爱谋杀了。然后秘而不宣,假借皇后赫连氏的名义把尚书左仆射兰延、侍中和匹等人召进宫里逐个绑缚起来削了脑袋。东平王拓跋翰也为他密谋杀害。过后,宗爱把吴王拓跋余立作皇帝。宗爱自己也当上了大司马、大将军、太师,都督中外诸军事、领中秘书,爵封冯翊王,又录三省,又总戎禁,坐召公卿,独霸朝纲,俨然成了实在的皇帝。被立作皇帝的拓跋余很是害怕,就想密谋夺他的权力,不想事泄,结果反被宗爱派小黄门贾周等人给杀死了。短短数月的时间,宗爱竟然连杀两帝,给朝野上下造成了极大混乱。然而,宗爱虽把持军政大权,到底是个太监,不可能自己坐上去当皇帝。事过不久,殿中尚书长孙渴侯和尚书陆丽再一次将宗室拓跋濬接进来当了皇帝,这也就是北魏的高宗文成皇帝。

文成帝拓跋濬为太武帝太子拓跋晃的大皇子。太武帝生前非常喜欢他,总是叫他是"世嫡皇孙"。当拓跋濬5岁之时,曾经跟着皇爷爷北巡,碰上一个最新降服的部族首领处罚他的属下。拓跋濬没等皇爷爷说话,便自作主张,对那个首领下命令道:

"此人今日福气大,他幸运地碰上了我,所以你便应该马上将他放了!"

拓跋焘很是惊讶,不由说道:

"这个小孙子虽然年龄小,却能处理大事,有当天子的风度。不能小觑啊!"

拓跋濬登基以后,他的性格和能力更是得到了充分的展示。

经过一段时间的秘密运筹之后,文成帝果断地将宗爱、贾周等作恶的宦官一一诛杀,祸灭三族。再于兴安元年十月,将尚书长孙渴侯提拔作尚书令，加仪同三司，拜骠骑大将军拓跋寿乐作太宰，都督全国军事，兼录尚书省事。可是两人争权夺利，遇事无法相互合作，仅一个月的时间，文成帝便把两人全部赐死。为了杜绝再祸起萧墙，文成帝又诛杀了宗室广阳王建、临淮王谭，太尉张黎、司徒古弼由于论事不符他的意旨，也被罢黜朝廷，贬作外官。封平南将军、宋子侯周忸晋爵当乐陵王，封南部尚书、章安子陆丽晋爵当平原王。后来又委任两人当太尉、司徒，封镇西将军杜元宝当司空，同辅朝政。拓跋濬刚登基的一两个月内，赏罚严明，很快将朝野上下的混乱局面平息下来了，这与他治理朝政的才干和性格的刚毅是分不开的。

数月内，朝廷上下风云变幻，让人眼花缭乱，冯后面对残酷的宫廷斗争这一现实，触动极大。父祖以往所经历的大起大落，她从甚事不晓到充进宫廷，一件件，一桩桩，让这位年龄只有10来岁的小女孩儿对政治斗争多了一些更为立体与直观的感受。她开始体会，开始观察，开始明白了这天隔九重、戒备森严的皇宫内部总是潜藏着多少争斗和杀机，哪个地方没有充满着触人心灵的血腥气。

文成帝13岁当皇帝没有多长时间，便选中冯氏做了贵人。这一年，冯氏只有11岁。从此后，她的生活改变了。

文成的死

冯后离开了抚养自己几年的姑母，去到了文成帝的身边。婚后陪王伴驾的生活是美满的，这也让她更有条件明白与了解国家最高阶层的政治运作了。

因为用人恰当，尤其是对于汉臣高允的重用，使文成帝统治北魏时期差不多处在比较稳定发展的状态，社会矛盾基本缓和。对文成帝的不拘囿民族成分，看重汉族出身的高允，冯有十分佩服。从此后，朝廷上的人对于汉人的看法也有显著的改变。此对于冯有以后执政引用汉法、重用汉臣、推行汉化的举措，肯定是有着潜移默化的作用。文成帝的施政办法为冯有留下了深刻的印象，两人的感情也一天比一天加深。

太安二年正月二十九日乙卯，14岁的冯有当上了中宫皇后。

冯有之所以能成为中宫之主，除了她的聪慧和才貌之外，只怕和她在宫里生活多年对宫里诸多关节的深深的熟悉很有关系。原因是宫里的嫔妃要取得中宫正位，就一定先要手铸金人，假如能铸造成功，便被看做是如意吉祥，假如是铸而不就，妃嫔便不能被封作皇后，此于北魏历史当中属于“故事”，也即定制。为何要铸金人方可实现自己的愿望呢？这我们不太明白，历史书当中仅说是“以成者为吉”，然而为什么“以成者为吉”，未加说明，这可能和鲜卑传统的习俗有关系。宋末元初的大学问家胡三省于《资治通鉴》注里曾经说过：“魏人立后，皆铸像以卜之。慕容氏谓冉闵以金铸己像不成。胡人铸像以卜君，其来尚矣。”又言铸金像是为了占卜。铸像卜吉凶当中还可能包含有更为深刻的内容。此和佛教里造像的本义是否有关系，是值得探究的。佛法东渐之后，北魏太武帝拓跋焘虽然毁禁，然而民间的信仰依旧没有降低，太武帝晚年便对这个禁令有些放松了。至文成帝登基以后，大臣们全一再要求完全消除这一禁令，可见社会上对佛教之信仰有多么深。兴安元年深冬，文成帝颁诏各州县可以建立佛寺，可以削发为僧，且亲为师贤等高僧削发。于僧侣的建议下，他下命令在京师平城（今山西大同）西北约三十里的武州山南麓开凿五所石窟，于每所石窟当中雕凿一座石佛像，像高足有六七十尺，这便是著名的山西云冈石窟造像的开始。

冯有当了皇后以后，也并没有感觉自己有多么高贵，只是勤劳地操持宫里的事务，且心里总是注意着国家大事。

太安四年，文成帝带兵前往阴山巡视，车驾驶进大漠，让蠕蠕（柔然）望风而逃，许多部落酋长率部投降。对于文成帝的大扬声威，冯有皇后很是兴奋，且和他一同观视了庆祝大典。冯有皇后不单为国家的兴盛而高兴，而且还为国家的以后而操劳。

特别值得一提的是，冯后对文成帝的乳母常氏的恪尽妇礼和对文成帝与梁国蒙县（今河南商丘南）李氏所生的儿子拓跋弘的哺养，赢得了宫里宫外、朝野上下一致的赞扬之声。

太安二年二月，即冯氏当上皇后的第二个月，不满两岁的拓跋弘被加封作皇太子。依照道武帝拓跋珪当年所定的制度，只要是后妃所生的儿子被加封作储君，生身母亲都要被赐死，来杜绝母以子贵，专权擅政。李氏被赐死以后，冯后马上负担起了养育之责，把拓跋弘看成自己亲儿子，万般慈爱，让文成帝也快慰之极。

身为皇后的冯有，深刻地明白文成帝为国操劳的辛苦，全力给他排解多种烦闷和不快，尤其是在生活方面给他以温存体贴。每当文成帝出征或巡幸回来，冯后皆以她的百样柔情来化解皇帝的一路劳苦。于冯皇后的身边，文成帝好像完全忘记了朝廷上大臣们的勾心斗角，忘记了柔然、刘宋在南北之威胁。总的来说，冯有皇后和文成帝的后宫生活是和谐而美满的。但是，天不不随人愿。冯有当皇后还未满十载，此鸾凤和美的生活便结束了。和平六年五月十一日，年仅26岁的文成帝英年早逝，在平城皇宫的太华殿驾崩。

犹如晴天霹雳。丧夫的痛苦，让冯皇后不想再活下去，一段时间内她总是以泪洗面，不停地哭泣，一边为夫君过早的死亡而悲伤，一边为自己不好的命运而哀痛。

三天以后，遵循北魏旧制，焚烧文成帝活着时候的御衣器物等。朝中大小官员及后宫嫔妃一同到现场哀泣哭吊。悲哀得不能自制的冯皇后在火光正燃起的时候，好像又看到仪表不凡的文成帝，就再现在她的眼前，朝她微笑。她像触了电一样……她突然悲号一声，就向那熊熊燃烧的大火猛扑过去。四围的人皆为她的举动震呆了，等回过味来，慌忙冲上去把她自烈火当中救出。幸亏来得快，冯皇后才没有被烧死，然而火烤烟熏，使她早已经人事不省。过了好长时间，她才逐渐苏醒过来，人们也才松了一口气。苏醒过来以后，冯皇后思想自己生来这样坎坷不顺，或许就是冥冥之中上天的安排。既然这样，为什么不咬咬牙挺过去！想到这里，冯后就像换了一个人，突然变坚定了，悲伤的双眼透出了一股剑一样的光芒。

恩威并重

和平六年五月，文成帝驾崩以后的次日，只有12岁的皇太子拓跋弘当上了皇帝，是为献文帝，冯皇后被尊成皇太后。献文帝当皇帝以后，心怀叵测的太原王车骑大将军乙浑以为此时朝中无人，便欺凌这孤儿寡妇，意欲趁机篡位，这使北魏皇权又面临着严重的危机。

乙浑在天安元年二月屡次跟安远将军吏部尚书贾秀说：

“你应当要求朝廷为你的妻子加封公主的名号。”

乙浑的僭越之心昭然若揭。贾秀却道：

“似我们如此的庶姓哪能加封公主？我贾秀宁可死在当朝，也不会妄自尊大，给后世之人留下笑柄！”

乙浑极为愤怒，恶狠狠地责骂说：

“老奴官，真是个不识好歹的东西！”

侍中拓跋丕(后改为元丕)闻言，明白乙浑造反已是箭在弦上，紧告朝廷。

早已经关注事态发展的冯太后马上召集人秘密布置，设下大计，即令拓跋丕、陇西王源贺与牛益等人带兵收捕乙浑，平定叛乱。让朝野上下怨声一片的乙浑很快就被捕杀，祸灭三族。冯太后在平定乙浑叛乱，稳定政治大势上，表现出了善断果敢的政治才能。紧跟着，她又出锋芒，宣布由自己临朝称制，处理朝政大事，来杜绝由于皇帝年龄小再发生朝廷遭奸臣侵凌之事。

冯太后此次临朝听政，从始到终仅仅十八个月的时间。她依靠多年于宫中生活的阅历及异于常人的胆略，稳定了北魏动荡的政治大局。

皇兴元年八月的一天，皇城紫宫传来了婴儿的啼哭声，原来是献文帝的妃子李夫人产下了一个儿子——拓跋宏。冯有太后高兴得什么似的，得了一个大孙子，当然极为惬意。这一日，天气格外清爽，她看拓跋宏生来白白胖胖，心里极为舒畅。没过多少时间，她便决定不再临朝，不再听理政事，由刚满 14 岁、刚当上父亲的献文帝亲理朝政，自己转向担负起抚养皇孙拓跋宏的职责。

献文帝亲理政事之后，颇想改变现状，他贬斥了许多冯太后宠重和信任之臣，且欲重用和提拔那些对冯太后不满意的人，来以此结成自己的心腹。刚开始的时候，冯太后对献文帝的所作所为虽然觉得心里不痛快，然而并无马上做出反应。到了皇兴四年，冯太后再也忍不下去了。

事情是自李弈身上引发的。

从文成帝驾崩以后，年轻的冯太后耐不住守寡的寂寞，再加之北魏本为少数民族的政权，那时候的拓跋氏，于婚姻关系上还保留着不少原始婚姻的形态和遗风，不很讲究男女之防，贞节观念更为淡漠，冯太后便特别关注那些年轻美貌的男人，从而选来做伴。李弈是官宦子弟，长相很是漂亮，倜傥风流，再加上多艺多才，聪明伶俐，所以冯太后很是喜欢他，总是进到宫里伺候皇太后。皇兴四年秋天，李弈的哥哥、尚书李敷的好友——相州刺史李䜣因为犯罪而被告发，主持审理这个案件的官员提示李䜣牵连李敷昆仲。李䜣为了保全自己，竟然无事生有胡乱捏造、罗列李敷所谓的不可告人的“隐罪”二三十条。献文帝趁机下旨，把李敷昆仲关进死囚牢。是年冬季，李弈和哥哥李敷、堂兄弟李显德等人一起被诛。北魏骑马武士陶俑李弈死了以后，冯太后失掉了一个很是相宜的情侣，内心很不容易平静，按照《北史·后妃传》记载，献文帝杀了李弈，“太后不得意”。后来，献文帝又将李䜣提拔成尚书，参决朝政，让冯太后真是难以容忍了。她便运用自己的威望与势力逼着献文帝交出帝位。献文帝本人虽然平时很聪明，刚毅果断，然而生平崇尚黄老（道）、浮屠（佛）之学，总是和朝里的士大夫与沙门（僧人）共同阔谈玄理，给人的印象是一种雅薄富贵、厌倦国政、不把天下事放在心里。于冯太后的强力压迫中，献文帝还想传位于平时很有声望的叔叔——拓跋子推，然而遭到宗室大臣与宦官的一致反对。没有办法，他只好于皇兴五年八月，将帝位传于还不满 5 岁的太子拓跋宏，恰像《魏书·天象志三》所说的那样：“上迫于太后，传位太子。”太子拓跋宏登基，也就是史书中很有名的孝文帝。献文帝自己却成了太上皇，此年，他也仅有 18 岁，他只怕是史书中最为年轻的太上皇了。

孝文帝刚当上的皇帝的时候，已经移居于崇光宫的太上皇并无放弃手中的一切权力。不但朝廷上重要的政务处理全要对他奏明，他还总是颁发诏令行使大权，甚至亲率兵将南讨北征。延兴五年十月，已经是太上皇的献文帝于平城北郊为蠕蠕的遣使朝献贡物，举了大阅兵的仪式。所有的这一切，让冯太后越来越感觉到，自己必须还得出面执掌朝政。就是如此，又一次宫廷政变悄然而至了。承明元年六月的一日，朝廷忽然宣布戒严，京师的气氛顿时变得极为紧张，宫禁里更是戒备森严。时间不长，太上皇应冯太后召前来晋见，一到殿门口，伏兵一拥而上便将他擒住，强行软禁了起来。后来，冯太后把其鸩杀在平城永安殿。

冯太后被尊为太皇太后，她再次临朝管理政务，成为北魏的领导中心人物。这时候的冯太皇太后,已经年过三十岁,不管才学、气度还是从政经验,全极为老练了。

冯太后重执朝政,对她来说也开始了新的挑战。

献文帝驾崩以后,政治局面又开始动荡不安,非但这样,官员腐化,人民总是起来要造反,这也让北魏的统治者面临着潜在的威胁。为了北魏天下的长久稳固,也为了稳定自己的权力和地位,冯太后恩威并重,完全施展出了她那高超的政治智慧及才能。

第一,冯太后对原先诬陷李弈的李䜣开了杀戒,一边为情人雪了恨,一边又除掉了一个谁都痛恨厌恶的大贪官,为朝廷整顿吏治树起了的相当好的形象。然后又将其他贪污腐败的官员,像秦州刺史尉洛侯、雍州刺史、宜都王目辰等都以极刑处死,长安镇将军陈提等被罚迁往边疆。同时,也不同程度地表彰和赏赐了那些清正廉洁的官员。

为了肃清政敌,她还把孝文帝的外祖父南郡王李惠以谋反罪诛杀了。李惠的弟弟、儿子以及妻子也同一时间被杀。为了扫除隐患,冯太后下狠心杀戒大开,由于嫌疑猜忌被覆灭的人就有十多家,有几百人被诛杀。但是,冯太后对那些完全无政治野心的人员,也总是能加以安抚笼络。像献文帝的亲信任内三郎的娄提,曾经由于献文帝的死而愤然取刀自杀,所幸未就。冯太后不但对他不怪罪,反而还下旨嘉奖他的节义。那些心怀不满的大臣感服于她的举动,这于极大程度上化解了潜在的不安定因素。

冯太后为了充分展示自己的政治抱负,还很是留意培养扶植一些贤能的人当自己的亲信,组织一个完全对她效忠的领导核心。于此领导集团里,既有贵族拓跋氏,又有汉族名士;既有朝中大臣,又有内廷宦官。而当中的汉人名士,许多又是她所宠幸的人员。

李弈被杀之后,冯太后的私生活仍然没有一丝顾忌,许多强壮健美的男子成了她新的男宠。只要他们有才干,冯太后也给他们重要的职务,当成心腹,这些人一般都能成为她政治上的得力助手和骨干大臣。

像王叡,他自称出身在太原(今山西太原),从小继承父业,精通天文和卜卦之术,承明元年以后,由于体岸貌秀而取得了冯太后的宠幸,一时便被破格提拔成给事中。没有多长时间,又被提拔为散骑常侍、侍中、吏部尚书,赐爵太原公。之后,王叡还曾经以自己的勇力打跑了猛虎，给太后和孝文帝保了驾，所以特别受太后的"亲重"。

像陇西的李冲。虽然李冲是由于性器官的大与长且有力而闻名，然而由于他的极有风度，姿丰貌美，也慢慢为冯太后看上，成了她的男宠。冯太后总是把一些珍宝御用之物赐予他，使总是说自己很清贫的李冲，很快变成了富翁。冯太后执掌朝政的时候，他作为心腹官员恪尽职责，太和年间不少改革的措施，有很多都有李冲参与谋划。冯太后驾崩之后，李冲在孝文帝殿下竭尽忠诚认真奉事，慎密明断，孝文帝也很是看重他"亲敬弥甚"，史称"君臣之间，情义莫二"。

除了那些被恩幸的臣子以外，拓跋丕、游明根、高闾等一时的名士也都相当受重用。每当冯太后赞王叡等人干事得力，同时也会对拓跋丕等人加以表扬，以示自己毫无私心。这些人，共同组成了冯太后掌政时期的亲信集团。

另外，冯太后还对宦官委以重任。宦官原本在宫里做事，总是围绕在帝妃的周围，冯太后执掌朝政，将他们当中有能力的人也吸收为亲信。所以，像杞道德、张祐、王遇、苻承祖等，全是从最初的小宦官得到提拔，一年内达至王公。因为他们出入禁闱，冯太后就利用他们作为宫中的特务，构成了"中官用事"的局面。然而，于她执掌朝政之时，并无发生宦官专权、胁迫朝廷的事象。此是由于冯太后虽然利用宦官居中用事，可也对他们的行为作了严格的规范。《魏书·皇后列传》说：

(冯)太后性严明，对阉官虽假以恩信，待以亲宠，决不放纵自流。左右之人虽有纤介之愆，便遭棰楚杖责，多者至百余，少亦数十。不过太后生性宽豁仁裕，不计前嫌，事后仍待之如初，有的还因此更加富贵。正因如此，人人怀于利欲，至死而不思退。

因为培植起了一个对自己忠心不二的政治集团，冯太后在政治上很是成功，所谓"事无巨细，一禀于太后，太后多智，猜忍，能行大事。杀戮赏罚，决之俄顷，多有不关帝者。是以威福兼作，震动内外"。而让人特别叫好的地方是，冯太后施展自己高超的政治智慧和钢铁一般的手腕，纵横捭阖，排除烦扰，给北魏的政治、经济和风俗习惯实施了一次很有成效的改革。

太和改制

太和，为孝文帝之年号。历史上将此期的一系列改革措施叫做“太和改制”。因为旧史的记述，人们习惯上总是将此功绩归之于孝文帝，有人还直接把它叫做“孝文帝改革”，而抹杀了冯太后的实际作用。实际上，于太和十四年以前，冯太后一直执掌朝政，身为北魏的实际的执政者，她为“太和改制”真正的舵手。掀开史书，冯太后大胆改革的蓬勃英姿就会展现在后世读者的眼前。此一改革所取得的巨大成就和深远的历史影响，恰好证明冯太后的确是一位很有能力而成功的政治家。

由拓跋珪开国起，北魏政府的各级官员都没有俸禄，平时全靠贪污、掠夺及皇上随意性的赏赐以获得财富。此于北魏初建的时候，作为游牧民族建立的政府采取此种方式是一点也不稀奇的。然而，当北魏政权逐渐在中原地区扎下脚跟的时候，此种以掠夺为主的财富分配方式便逐渐为北魏的政治带来了严重的隐患。尤其是随着战事的日稀，战时掠夺的机会越来越少，各级官员为了中饱私囊，不顾一切地盘剥、任意搜刮，进而造成北魏社会矛盾的激化与政治统治的危机。针对此种严峻的现实，自文成帝的时候就曾屡次颁令止贪，献文帝的时候也作了严格的规定，且有人提出了为官吏颁发俸禄的建议，只是没能付诸实施。

太和八年夏季，北魏的冯太后仿效两汉的魏晋制度颁布了“班俸禄”诏书。规定于原本的户调以外，一家增调三匹、谷二斛九斗，当作发放百官俸禄的来源。内外百官，都用品秩高下来确定他的俸禄的级别。俸禄定下以后，再敢贪赃满一匹，就处以死刑。这一措施的实行，对普通百姓来说虽有一时之烦，然最终能够取得一劳永逸的好处。所以引发了以淮南王拓跋他为首的鲜卑贵族的不满，他奏请皇太后停止班禄，仍按鲜卑旧制。冯太后让群臣议一下。中书监高闾奉表奏道：

“天之大道，君使臣以礼，臣事君以忠，故车服有等差，爵命有分秩。君班其俸，臣受其禄，自尧舜以来斯道未改。二圣（冯太后与孝文帝）稽准旧式典章，行班禄俸，苛慝不生，上下无怨，止贪残之心，劝竭效为国之诚。若不班禄，则贪利者肆其奸情，清正者不能自保，这简单的道理，灼然可知，如何令行一朝便欲去俸？淮南王之议，不亦谬乎！”

高闾的话不但代表了那时候一批具有远见的官僚的意见，而且也正合冯太后的心思。如此，冯太后便下诏依从高闾所议，继续实施班禄。

为了真正实行俸禄制，冯太后依旧遣使者到各地巡视，对食禄以外的犯赃者进行纠察。太和八年九月，孝文帝的皇舅，秦益二州刺史李洪之，由于贪得无厌，被敕令于家里自裁，地方官员坐赃处死的有四十多人。经过这一次整饬以后，北魏的吏治改进很大，贪赃受贿的官员也没有那么大胆了。实施班禄，给冯太后进行其它方面的改革奠定了基础。

第二年十月，冯太后于大臣李安世的提议下颁布了“均田令”，进而开始于社会经济方面进行重大的改革。“均田令”指的是国家对无主的荒田以政府的名义定时，依照人口分予农民。均田制度让没有了土地的农民从新又回至土地之上，流亡没有家与荫附在豪强名下的佃客也解脱了束缚，变成政府的编户齐民，进而增多了国家控制的劳动人口与征税对象，提高了种田人的生产积极性。此一制度，让北魏落后的社会经济结构极快地往先进的封建化的经济结构上迈进，同时给经济结构的灵动运转充入了新鲜血液。均田令的颁布实施表明着北魏统治者开始转向对汉族封建统治方式的接受。此制度历经北齐、北周，至隋唐将近三百载，不但让北魏社会经济取得了发展，还为以后隋唐社会的经济奠定了基础。很明显，冯太后主张推行的均田制的改革，不但为北魏历史的发展作出了极大的贡献，还为以后的人们留下了宝贵的遗产。

冯太后于太和十年，又主持了对地方基层组织——宗主督护制的改革，实行了“三长制”。

从西晋灭亡以后，北方的豪强世家一般是聚族居住，建坞壁而自保，自给自足。北魏建立以后，让坞主(豪强地主)当宗主，代行地方行政之权。此便是所谓的宗主督护制。于此制度之下，户口隐匿的现象很是厉害严重。政府征收户调的时候，仅能按照户籍上登记的户口，但实际上一般三五十家作一户，千人百口同作一籍，而那时候实行的九品混通法，是将一家一户的自耕农民和此种实际上有不少荫附人口的宗主户一样看待的。如此，肯定会导致国家赋役征发在数额、轻重方面的不均，对国家的财政收入造成影响。为了将豪强隐藏的劳动人口编进国家的户籍，不但增加了政府的编户，还压制了豪强势力，大臣李冲提出废止宗主督护制，实施“三长制”。“三长制”也就是依照汉族的什伍里甲组织的形式，从新建立北魏的地方基层机构，规定五家作一邻，五邻作一里，五里作一党，邻、里、党分别设一长，合起来叫三长，让本乡会办事并守法且有德望的人来充当，负责对户口的检查，对赋役的催讨，对生产的管理，对治安的维护。当三长的人，可以优先免除一到两人的官役。冯太后看了李冲的奏折，连声说好，马上和大臣们商量。秘书令高祐、中书令郑义等人提出相反的意见说此事实难推行，郑义还以守为攻，向冯太后道：

“太后假如不相信，请尽管试一下，假如失败，才会明白臣等说的话是正确的。”

著作郎傅思益特别说得吓人：

“如果改行这个方法，恐怕会造成混乱，三长之制，实在不可行。”

太尉拓跋丕却非常许可，他言：

“太后陛下，臣认为如果执行这一方法，国家和个人都能得到好处。”

还有的大臣说，这时候正是农忙时节，猛不丁改制，新旧难以分辨，怕人民为此心生劳怨，倒不胜过秋收，到了冬闲的时候再相机实施才是上策。对如此的说法，李冲表示不同意，他说：

“现在改制，恰好可以让百姓们能马上能感受到它的好处，让他们懂得到底为什么要改制，此恰是推行新制的大好机会。”

冯太后看众人众说纷纭，意见极不容易一致，就一挥手，阻息了大臣们的议论。她用秀丽的眼眸扫视了一下金殿上的群臣，果断地宣布：

“立三长，则课有常准，赋有恒分，庇荫之户可出，投机之人可止，这样看来，又有什么不可以的？”

群臣看她已经是成竹在胸，便连那些有着不同意见的大臣也全三缄其口、只好听命了。于冯太后的全力支持下，李冲的建议得以全面实施。如此，北魏建立起了相对完善的地方基层组织，既对清查荫附户口有帮助，又确立了课征赋税的统一标准，避免有些只想逃避赋役的人重钻空子，这样便使地方豪强的经济实力削减了，国力增强了，中央政府的权威也提升了。

冯太后实施的这些重要改革办法，对于促进北魏从鲜卑族落后的生产方式往汉族先进的封建生产方式的迈进，也就是封建化起到了促进作用。另外，为了让鲜卑族对汉族人民的生活方式与礼仪制度慢慢适应，冯太后狠办教育，尊崇孔学，禁止卜筮、谶纬之术，这便开始了鲜卑族向汉化迈进的过程。这些措施，又给以后孝文帝迁都洛阳，推行大规模的汉化措施奠定了基础，扫净了阻碍。

恩树孝文

在冯太后实施全面改革的过程里，并无将孝文帝排斥于外边，她总是尽量地使他多参与，意欲让孝文帝得到更好的锻炼。恰是因为冯太后的全面培养，孝文帝才会真正地成熟起来，并且可以继承冯太后的改革大业，将“太和改制”进行到底，此也正是冯太后身为一个杰出政治家的智慧之点。

说起来，冯太后精心培养的孝文帝拓跋宏，也真是一位聪明睿智的能够造就的大才。让人不容易相信的是，孝文帝还只有4岁之时，他便给患痈疮的父亲献文帝吮吸脓血，来降低父亲的病痛。他5岁的时候接受父亲的禅位，幼小年龄的他竟很是悲痛，献文帝不明白儿子为什么会如此这般，他却说道：

“我接受亲父的禅让，内心里的悲切无以言表。我内心里是不愿看到父皇离开啊！”

冯太后觉得孝文帝太过聪慧，害怕以后会对自己没有好处，便意欲废掉他。于寒冬腊月北风呼号的时候，冯太后甚至曾经将仅身着单衣的孝文帝关进一间小屋中，让他三天不吃饭。幸亏拓跋丕、穆泰与李冲等朝廷大臣的极力苦谏，冯太后这才改换了主意。以后，有宦官在冯太后面前进谗言说孝文帝的坏话，冯太后一时极为生气，又将他一顿好打。孝文帝一声不吭默默承受，也不给自己申辩。对祖母冯太后，他无有一点儿怨言和不满。可能是孝文帝的态度感化了冯太后，也可能是从来没有生育过的冯太后对自己亲手抚养长大的孝文帝动了怜悯之心。从这以后她对孝文帝再也没有发过火，而是以一个慈爱的祖母的身份细心抚育、训导这个至情至性的皇孙孙。一样的是，孝文帝也慢慢觉得祖母皇太后是如此的好，而且也被她那临朝的时候钢铁一样的性格与什么都不怕的气度所震慑，对她产生了发自内心深处的敬佩和仰赖之情。也正是因为这样，孝文帝才慢慢成长为冯太后最满意的事业继承人。

因为冯太后的亲自教导和监督，孝文帝成年累月手里拿着书，发奋攻读，上下求索，不但对儒家经典的精髓理解得十分精透，并且还涉猎史传百家，成长为一位真正相当具有才学的皇帝。传说他的诗赋文章都是即兴作成，挥笔而就，纵然有时候因为事情过于紧急，骑于马上口授章草，等录完成稿也不改一字，有大手笔的风范。

孝文帝于太和十年大年初一，始服衮冕，朝飨万国。从此，冯太后有意识地让他参与朝政事务，来锻炼他的政治才干，有关的诏敕册文一般都授意孝文帝起草。自然，孝文帝的行动并没有超过冯太后应允的范围，正是“优游恭已，玄览独得，著不自言”，从不多发言，更说不上大事的参决了。这时候的孝文帝还不可能也没有能力摆脱冯太后而独当一面。

冯太后眼看孝文帝逐日长成，便亲手写了《劝诫歌》三百多章与《皇诰》十八篇，当他的学习指南及行动准则，打思想方面对他灌输治理天下的真正知识，以便让他更加符合自己的要求。同时，冯太后还尤其注意对他言传身教，以身作则，现身说法地实施教导与示范。

于生活上冯太后极为注意厉行节俭。刚开始临朝的时候，她即颁旨消除了鹰师曹，严禁地方上贡鹰之类的伤生鸷鸟。平素穿着，都是些缦缯（无花纹装饰的丝织品），从来无华丽锦绣的装饰。说到饭食，她执政之后，也对原来皇宫里食不烦精、脍不烦细、花样不厌多的旧习惯，加以了改变。一般时候，她只在一种仅几尺宽的几案上吃饭，把原先的食谱减少了八九成，坚决抵制了奢侈、铺张之风。于冯太后的影响和带领下，孝文帝也不由变得极为节俭和朴素，平时总是身着浣濯之衣，坐骑的鞍辔也为铁木制成的，并没有金雕和玉镂。对于这些，冯太后大为赞赏。除了平时听政和临朝，冯太后还总是出外巡查。每逢于此，她就把孝文帝带在身旁，以便随时随地磨炼他。

毫无疑问，冯太后于政治上很是果敢，可是她于日常琐事上却表现得很是仁慈和善，很有女人的风味。有一次，她感觉身体不舒服，服食庵闾子(一种中草药)，主事的厨子却糊里糊涂地奉上一碗米粥，因为大意，他竟然没有发现有一支数寸长的蝘蜓(类似壁虎的爬行动物，俗称石龙子)在粥里。当冯太后要张嘴吃的时候，以汤匙轻轻一搅它便蹦了出来。于一边奉侍太后的孝文帝看见了这种情况，大为恼火，把那个厨子狠狠地大骂了一顿，且要给予严刑。然而，冯太后笑着挥挥手，将吓得早已魂飞体外的厨子放走了。孝文帝对这件事的感触极为深刻，过了许多年后，他依旧难以忘记。

至他亲政以后，也发生过那样的事情。有一次是厨师于进食的时候不小心把热汤给弄撒了，把孝文帝的手给烫伤了；还有一次是他于吃饭的时候，也看见碗里有飞虫之类的小东西。孝文帝也都没有向厨师发火，也没有怪罪于他人，像冯太后当年似的，一笑完事。

于孝文帝身上冯太后倾注了大量的心血，也赢取了孝文帝对她特殊的孝敬。有一次，冯太后率领孝文帝与群臣、蕃国使者、诸方渠帅行幸方山，于灵泉池大设筵宴，冯太后为了助酒兴，就让众人各自表演当地舞乐。孝文帝于酒筵前面翩翩起舞，群臣见了也纷纷起身作舞，举杯给冯太后祝寿。冯太后很是开心，不由得也跟着节拍作歌，孝文帝随着扯开歌喉相和，且对冯太后又拜上寿。一时间，酒筵席上，到处歌舞，与太后和歌高唱的足有九十多人，一派祥和、欢乐的气氛。

不但在政治上冯太后尽力培养扶持孝文帝，而且也极为关心他的婚姻与日常生活。可能是出于要冯氏家族世代尊宠的私心，也可能是让别人家的女儿来到宫里她不放心，冯太后专门将同胞哥哥冯熙的三个女儿纳进宫中。后来，孝文帝前后把冯太后的两个侄女封为皇后——历史上一个叫做冯废后，一个叫做冯幽后。

冯太后于太和十四年九月，在平城皇宫的太和殿驾崩，享年 49 岁，谥号“文明太皇太后”。临驾崩之时，她曾降下遗旨，并书写了金册，为自己的后事作了安排。遗旨上道，她死之后，一个月后就立刻下葬。所费只需，一定要俭约，她的幽房设施、棺椁修造，不要过于劳费。陵墓之内不要设明器，至于素帐、缦茵、瓷瓦之物，也都不要置放。

孝文帝对于冯太后的驾崩非常伤悲，五天当中他不吃不喝，毁慕哀悼。对于太后的陵墓的规格，虽然高闾、游明根等大儒重臣极力要求依照太后金册遗旨办理，孝文帝依旧坚持把坟陵拓宽六十步，其实，此为皇帝的葬礼规格。

是年深秋，将冯太后安葬于自己生前已经选定的墓地——方山永固陵（今山西平阳北），和文成帝没有合葬在一起。孝文帝为了表示自己的孝谨之情，于永固陵东北大概有一里的地方，给他自己营造了寿宫，预备自己死了之后也安葬于此处，和抚养自己长大的祖母太皇太后永远相伴，来体慰她在阴间的孤魂。后来由于孝文帝把国都迁往洛阳，整体地实施汉化——这让“太和改制”又奏高歌，把洛阳瀍水以西的北邙阪当成了皇家的陵寝之地，方山虚宫以后只号为“万年堂”。虽然这样，改革大事后继有人，且可以于以后的岁月里发扬光大，满可以让太皇太后在黄泉之下闭眼了。

具有现代婚姻意识的皇后独孤氏

名后小册子：独孤氏(543 年—602 年)，名伽罗，隋朝云中(今大同)人，周大司马独孤信的第七个女儿。十四岁的时候嫁于杨坚。武帝死了以后，杨坚当皇帝，是为周宣帝。独孤氏被册封作文献皇后。文献皇后柔顺恭孝，谦卑自守，隋文帝极为宠爱她。

夫恩妻爱　贤德皇后

杨坚取北周代之，隋朝建立，改元号开皇。立独孤氏为皇后，长子杨勇当皇太子，其他四个儿子全封了王：杨广当晋王、杨俊当秦王、杨季当越王、杨谅当汉王。几个王子全是独孤氏生的，这是历代皇族当中颇为罕见的。文帝曾经自得地说：

“前朝皇帝内宠过多了，常常因为嬖爱而废嫡立幼，朕无姬妾，五个儿子皆为皇后生，一定会相处得很好，绝对不会似前朝一样产生争夺的现象。”

每当文帝上朝的时候，文献皇后就和文帝一道乘辇去朝堂，到了门阁方停步。等文帝退朝以后再一道回宫，一起吃一起乐一起睡觉，十分恩爱。文献皇后平时生活很是节俭，不喜华丽，特爱读书，达识古今。杨坚没有登极的时候，她积极参与和谋划，功劳很大。独孤皇后很有政治才能，每次和隋文帝议论国家大事，看法总是不谋而合，很少不一样，并留意派宦官细察朝政，假如有不妥的地方，待文帝退朝以后，她便忠心苦劝，这样她就做了不少对国家有好处的事。

那时候，隋和突厥进行贸易活动，有一盒价值八百万的明珠，幽州总管殷寿劝她买下，她极为委婉地谢绝说：

“此刻戎狄每每入侵，将士在边疆征战很是不容易，最好将这八百万奖赏给有功的将士们。”

很快，独孤皇后这一举动在朝野上下传为美谈，人们暗暗挑大拇指交口称赞。文献皇后的表哥大都督崔长仁，奸淫妇女，犯了国法，依照律法应处以斩刑，碍着独孤皇后的情面，隋文帝有意将他赦免。独孤皇后对外戚的要求非常严格，进言道：

“在国家大事上怎么能谈私情？”

文帝便把崔长仁给处死了；独孤陀是独孤皇后的异母兄弟，由于酗酒逞凶残害百姓，皇后曾经指责过他，因此在心里很恨独孤皇后，总是借猫鬼来诅咒皇后，依照律法应处以斩刑。虽然独孤皇后气得三天都没有吃饭，可是最终还是请求文帝把他给赦免了，皇后道：

“独孤陀假如蠹政戕民，妾不敢为他讲情。然而今是独孤陀由于诅咒妾而犯罪，因此妾敢于请求将他赦免。”

这样就救了独孤陀一命。

独孤皇后曾经劝皇帝从西城商人手里买下了价值十万两黄金的宝玉，理由是“有了这一大笔的巨资，以后能够养活一万名士兵”，只由这一点来看，便可以证明独孤皇后是一位极有才智的女性。

宫中上下都对她很是敬重，将她和文帝合称为“二圣”。

然而她却在确立隋王朝的继承人上犯了错误，对废掉忠厚的长子杨勇，改立很是善于伪装的次子杨广负有相当的责任。

超前个性　一夫一妻

独孤后的学识、眼光都很好，于婚姻方面她还有着和那个时代不相协调的极超前的和我们现代人一样的个性，她崇尚的是一夫一妻的美好爱情，不容许丈夫杨坚接近其他女人。独孤皇后嫁于文帝杨坚的时候才只有十四岁，当时她要求丈夫发誓：

“一辈子除了我不能和别的任何女子生育孩子。”

杨坚也很是忠于爱情，严格遵守誓言，他的所有孩子果然全是独孤皇后一人所生的。皇帝的私生活那样纯真，这在世界皇帝史上也是极为罕见的。所以隋朝后宫纵然有三千佳丽，也是和没有一样，文帝只把皇后当做妻子，旁无私宠。宫里的嫔妃宫女们也于独孤皇后的严厉眼光下十分害怕，总是战战兢兢，春心冻结，不敢对文帝杨坚有丝毫的想法。

杨勇太子生来率直，为人宽厚，但是生活方面过于浪费，素喜浮华，宠爱的女子就有不少。当中有四个女子他最为喜欢：一个为高良娣，娇小轻柔，好像身上就没有长骨头一般；一个为王良媛，肌肤和雪花一样白，袅娜的腰像春天的柳条一样细；一个为成姬，两眼含水而多情，小脚似三寸金莲一般美；可最美的一个是云昭训，简直就是天上的仙女下凡了一样，比以上三位都更美，特别让太子喜爱得不得了。杨勇只是和嫡配的妻子元氏妃在性情上合不来。所以由四美轮流陪伴着太子，而让元妃空房独守。这些事很让独孤皇后讨厌，她不让文帝和其他嫔妃接近，也讨厌群臣和自己的皇子们宠姬妾。大臣当中凡是和姬妾生子的，独孤皇后就会让文帝将之斥责贬官。每次杨勇进宫去见母亲，母亲就从来没有好脸色。杨坚原本很是信任太子，总是让他参决政务，凡是杨勇提出的意见，杨坚总是高兴地给予采纳，就因为独孤后的不高兴，也使杨坚对太子有了看法。

一年冬至，百官全来太子的宫里道贺，杨勇超乎礼制的规定鼓乐受贺。独孤皇后就向文帝道：

“太子勇率性而为，行动多乖张，如今冬至，百官依照旧年习惯进宫，他却鼓乐受贺。皇上还需规劝规劝他才是。”

杨坚听说了，心里也是很不高兴，对大臣们下令，从今往后不能擅自向东宫道贺。此事过后杨坚对于太子慢慢变得猜忌，宠爱之心和以前无法相比了。

恰逢元妃患病死去。独孤皇后却想着是太子把她给谋害了，心里更加受不了了，已经埋下了废去太子杨勇的种子。她遣宦官细查太子的不是，待他有了重大过失，就可以废掉他，改立晋王杨广当储君。

晋王杨广生来分外狡猾，最爱矫饰做作，逢迎拍马，投机取巧。他早就心存夺嫡之谋，到处沽名钓誉，琢磨母后的喜好，迎迎合合。杨广表面和正妃萧妃恩恩爱爱。后宫虽然有很多佳人，但为让母后看着自己高兴，杨广不惜把自己和别的姬妾所生骨肉偷偷弄死，唯有萧氏所生的孩子才告知父皇和母后，为父母制造了只和萧妃过一辈子的假相。有一日杨坚和独孤皇后一起到晋王的家里，杨广就赶紧把后宫的美姬全隐匿了起来。仅剩几个既老又丑的宫女来当侍役，身上所穿的衣服浑身上下全是粗布。杨广和萧妃，也穿着很陈旧的衣服。所有陈设全部因陋就简。架上稀少的乐器全都落满了尘土，一看就明白已经好长时间没动用过了。杨坚平素节俭，最厌恶奢华的行为，看到杨广这样，打心眼里满意。独孤皇后看晋王家里没有美女姬妾，仅是丑陋妇人，对杨广也很有好感。自此文帝夫妻二人，便对晋王另眼相看。独孤皇后有时派身边的亲信到晋王家里探视，杨广不管来使身份的高低，全亲自和萧氏到大门口迎接，摆酒席上待，且以厚礼相送。这样谁来了都回去说晋王好。

在暗地里杨广和亲信宇文述等人密谋夺嫡。他先以重金贿赂大理少卿杨约，又通过杨约结交了他的哥哥杨素，取得了杨素的暗中支持。然后收买东宫幸臣姬威等人作为内应。

独孤皇后想立晋王当太子。一时由于太子杨勇没有犯过大的错误，杨坚内心里纵然想立晋王，但难施行。此时晋王杨广往扬州镇守，还没有不半年就表请要回朝觐见父皇母后。杨广回朝以后，表现得极为得体，说话谨慎，庄重从容，很是端肃安详。等到要辞行还镇的那一天，杨广进宫见了独孤皇后。他依偎于独孤后的膝下，留着泪说：

"臣儿生来愚钝，从来不懂得要忌讳什么，只总是思念父母双亲，因此不到二旬，便马上递表请求还京。原想见到父皇与母后，可以听知教诲，谁想却惹得我大哥很是不高兴。"

一听杨广提到储君杨勇，独孤皇后就问道：

"他想做什么？"

杨广一脸惶恐相说：

"大哥竟然怀疑臣儿，说臣儿想当皇帝，要害死臣儿，所以臣儿很是害怕。臣儿远在外藩，大哥每天在父皇周围服侍，要说臣儿的坏话迷惑父皇很容易，父皇真假难以分辨，假如一旦赐儿臣自缢或药鸩，臣儿实在不知道要死在什么地方。只怕自今离开母后，就再也见不到慈爱的母后了！"

说着，晋王又涕泗交流，呜呜咽咽。

说得独孤后心痛不已，不禁大怒道：

“哀家给他娶妻元氏，他竟然不把元氏当成妻子来看待，元氏从来身体很好，没想到会突然亡故，他不但没有半点悲痛之相，反而与妖姬云氏淫乐。哀家原怀疑是他害了元氏，只是没有证据，暂时忍耐。没想到他如今却更加狂妄大胆了！竟想加害于你，哀家在世的时候他已经是这样，真不知他将来要怎么样了。”

独孤皇后说着，又惨然泪下。

杨广假装劝慰：

“都是臣儿无能，感化不了大哥，反而让母后伤心，都是儿臣的罪过！”

独孤皇后又对他一番安慰，让他放心回去镇守，不是密诏不要轻易进京；一般情况下不要经过东宫。晋王内心里一阵窃喜，这样，独孤皇后便更坚定了要废掉杨勇的决心。

独孤皇后不让别的女人和文帝接近，可宫里面美女如云，杨坚有时也心痒不已。这天独孤皇后受了点风寒小疾躺倒在床上调养。这便让文帝杨坚获取了一线的隙缝，偷偷地领了两个内侍，往仁寿宫走去。阳光明媚，春景宜人，逗起了他心底的一团春意。突然随风送来一阵沁人心脾的清香。梅花丛中，一位女子背面而站，青丝云发披覆在晶莹的脖颈上。她轻盈地转回美丽的身体，与文帝打了个对面。文帝心里抖地一惊，谁想自己宫里竟会有这样美艳的佳人，亭亭似出水芙蓉花，袅袅如临风垂杨柳；痴凝秋水是她的神采，瘦丝梨云是骨头。那佳人轻移小莲步，走到梅花丛外，行至文帝的面前，垂杨柳似的给文帝叩了一个头，袅袅而立，垂着罗袖，站于一旁。文帝早就意荡心痴，一问名字才知她叫尉迟贞，尉迟迥是她的亲爷爷，今年16岁。杨坚心动不已，走到尉迟贞的身前，拉起了她的手……

文帝宠幸了不胜娇羞的尉迟贞后，轻踏芳草，慢穿花径，两个人在梅苑周围好一番闲逛。此时的梅花别苑里边，全部清一色的梅花，绝俗清幽。

杨坚笑着向尉迟贞道：

“你这样让朕欢心，不愧为梅花苑的主人。”

尉迟贞忙谦虚道：

“贱婢蒲柳之质，怎敢和梅花相比？”

杨坚道：

“在朕的眼里，梅花却不敢和你比啊，假如相比，和你还差芳菲三分！”

这时候，月移梅影，风随暗香至。杨坚和尉迟贞手牵手往梅花深处走去……这是杨坚生平头一次“偷情”，别有一番刺激。

独孤皇后在后宫卧病，平时总是代独孤皇后侦察别人隐私的两个心腹宫女，获悉文帝在梅花别苑留宿，自己心里也很是嫉妒，就急忙报告了独孤皇后。独孤皇后顿时气得脸色铁青，没有想到那么忠于爱情的文帝杨坚也会……准是那小贱人勾引了他，咬牙发狠道：

“哀家和小贱人，誓不两立！”

然后就抱病起床，亲率八个宫女，来至梅花别苑。

此时的尉迟贞见皇后驾到，一下子花容失颜，娇躯发颤，慌忙跪倒在地。独孤皇后看着她冷笑：

“确实是一个美人儿，怪不得皇上会喜欢你，你是皇上心里喜欢的人，怎么能向哀家下跪？哀家可受不了！”

然后脸色一变，厉声向左右喝道：

“还不动手！”

众宫人一齐下手开打。就这样，不到一会的功夫，那样一个美丽的佳人便被活生生给打死了。

独孤皇后余怒未消，此时文帝已罢早朝，来探独孤皇后的病，听说皇后亲领几名宫女都不知道去哪儿了，便预感到坏事了，赶紧往梅花别苑奔。

文帝奔到梅花别苑奔，看见独孤皇后高坐在那里一脸怒容，地上的尉迟贞七窍出血，已魂飞西天了。

杨坚不由得眼泪纵横，又痛又悔，忽然心下一横，转身离去。

独孤皇后看文帝变色离去，禁不住心下也一慌——毕竟丈夫是皇帝。

独孤皇后连忙赶到室外，意欲叫回杨坚。

不料杨坚却误会了独孤皇后的意思，认为独孤后要和他没完，害怕被她拉住，更加快了步子，头也不回地出了梅花别苑。

独孤皇后随于后边有点心虚地向他大声道：

“皇上请回来，千万别为了一个宫女，伤了我们多年夫妻的情分！”

不管独孤皇后如何说，杨坚一句也听不进去，急匆匆地只管往前行。宫门之外，正好有一匹马，杨坚骑到马背上，一挥鞭，那马撂开四蹄，迅速出了东华门，落荒而去。

刚好被高颎看见，也骑马出了东华门赶杨坚。大概跑了有二三十里，才抓到杨坚的马缰绳。杨坚很是沮丧，对高颎说：

“朕贵为天子，也没有自由，连一个自己喜欢的女孩儿也保护不了，要这天下又有什么用？”

高颎劝道：

“皇上差异，取得天下不容易，守天下更难，如何只为了一名宫女，就看轻了天下？还请圣上赶紧回到宫里，以免人心慌乱。”

杨坚听了，默不作声。

此时暮云已经四垂，倦鸟归林。城里的大臣们，准备好了车驾，都来相迎。高颎又苦口婆心地劝谏，文帝这方勉强上辇。

独孤皇后也感觉自己有点做得过，就一把鼻涕一把泪地向丈夫认错：

“因为妾一时的愚忿，触伤了皇上，自己知道罪该万死。深愿皇上垂察，贱妾和皇上大婚以来，几十年的老夫老妻，从来没有和皇上相悖过。现在只因宫女开罪了皇上，希望皇上原谅。”

到了这个时候，杨坚也没有什么办法：

“朕也绝对不是喜新忘旧的人。你为什么残忍到这个程度呢，那么快就把尉迟贞给打死了。要明白昨晚的事，实在是朕强迫的她，而非她来勾引朕。卿怎能不明就里便把她给打死了呢？现在事情已经过去了，那也就算了，不用再说了！”

独孤皇后泪眼盈盈地拜谢，然后一道回宫。

自这以后独孤皇后的这方面意识也灰了。有的时候任由杨坚和宫人有染，假作不晓，可也不许杨坚做得太过。

储君杨勇仍然与那些小妾们在一起混，浑浑噩噩，却不知晋王杨广正在偷偷实施着代替他的计划。原来独孤皇后快生杨广的时候，独孤皇后梦见一条金龙，突然由自己腹中蹿出。刚开始的时候小，后来越往上飞越大，飞到半空里的时候，差不多有十来丈长，张牙舞爪，极为凌厉，盘旋在半空里。不料，一股狂风骤起，把金龙吹落下来，摔折了尾巴，就变作了一只和牛一样大小的老鼠，可再仔细看看，又不像老鼠。独孤皇后惊得醒来，霎时腹内疼痛大巨，便要临盆。这就生下了杨广，杨广却生得丰颐广额，外表很是招人喜爱。独孤皇后说了杨广产前的稀奇梦境。杨坚似觉不大吉利，只是不便说出，只说金龙飞舞在半空，当有摩云的志向，他的小名可以叫作阿摩。积毁消骨，三人成虎。此时，杨素与独孤后异口同声地说太子失德，内外交谗，杨坚便动了废立的主意。宫廷内外，都知了废立的消息，传到东宫，杨勇才开始着慌。他引入巫觋，做了种种厌禳之术。这个消息，又被人探听了去，报告了独孤皇后。当晚杨坚也知道了，命杨素到太子杨勇那里窥视情况。

杨素原为杨广之人，他来至太子的东宫，太子急急换好了衣帽。谁想杨素故意东看一会儿花草，西看一会儿亭台，迟迟缓缓不肯入内。杨勇待了很长时间，心里发怒了，等至杨素散漫地进见，杨勇太子不高兴地道：

“你这个样子，到底是什么意思？皇上虽然想废掉我这个太子之位，但我此时还是太子，你觉得自己功劳大，就小看我？”

杨素假装害怕说：

“老臣实在该死，进入园里，由于年纪太大了，走路不方便，走在路上看园中景致很是宜人，不由便多看了几眼，所以让殿下等得时间太长了。还望殿下看在老朽可怜，饶恕老朽一次。”

杨勇冷冷一笑：

“说得很好听，你来到这里干什么？”

杨素又假装叹口气道：

“皇上不知听了哪个人说了殿下的坏话，想要废立太子。老臣平时就了解殿下，有仁有德，因此今天是专门来宽慰殿下的。”

杨勇听了这一番话，认为是肺腑之言，便情不自禁地在说话当中流露出了自己的真情和怨愤。杨素听进耳里，回到宫中，见了杨坚，就一一都添油加醋转述一番。杨坚登时大怒，就于成德殿上，召集百官宣诏废杨勇。又过了几天，晋王杨广便当上了太子。

后死帝亡

次年的八月十五晚上，独孤皇后一病而世，还不到五十岁。

杨坚给独孤皇后办毕丧事以后，就一时认为解脱，连连召幸陈宣华夫人和蔡容华夫人。

陈宣华夫人原本为陈后主之妹妹，长得真可谓是绝代佳人，沉鱼落雁。蔡容华夫人也是南国天香，一流的娇艳妩媚。

两人早已经进宫，文帝心里也早有二人，可总是碍于独孤后而办不成事。自此后杨坚天天欢乐喝酒，日日歌笑，和独孤皇后活着的时候相比，有许多放浪。

然而杨坚已经是风烛残年，禁不住天天这样的床第之欢。没有多长时间，便一命呜呼了。

深明大义的贤后长孙氏

名后小册子：长孙氏(601 年—636 年)，长安(今西安市)人，祖先是北魏拓跋氏，出生于官宦家庭，父亲长孙晟在隋朝时候官至右骁卫将军。她从小酷爱读书，通情达理，十三岁的时候和李世民结为夫妻。唐朝建国以后，她被册封为秦王妃。当李世民和李建成之间的嫌隙一天比一天加深的时候，她竭尽全力地侍奉公公唐高祖，也殷勤恭顺地对待后宫嫔妃，极尽全力地争取他们对秦王的同情，竭力消除他们对李世民的误解。“玄武门之变”前夜，她又亲切慰勉秦王府的幕僚，上下将士没有不为她感动的。秦王当上皇帝之后，她也当上了皇后。

唐太宗大治天下，盛极一时，除了凭借他手下的一大批文臣武将以外，也与他贤淑温良的妻子长孙皇后的辅佐是分不开的。

长孙皇后在刚和李世民结婚的时候，虽然年龄小，然而已经能尽行妇道，全力事奉公婆，相夫教子，是一个非常称职的小媳妇，很受丈夫与公婆的喜欢。

李世民少年有为，能文能武，二十一岁跟着父亲李渊于太原起兵，亲领大军攻下隋都长安，让李渊成了大唐王朝的开国皇帝。李渊当上了皇帝之后，加封李世民做秦王，负责管制关东兵马。几年之内，秦王便挥兵荡平了中原一带的割据势力，完成了大唐统一的大业。李渊因此加封他做天策上将，置位比别的王公都高。于秦王征战南北当中，长孙王妃紧跟丈夫到处奔走，照料他的生活起居，让秦王于繁忙的战事之余可以得到一种清泉一样温柔的抚慰，从而也让他于作战之时更为精神抖擞，所向披靡。

李世民被封为天策上将之后，就拥有特别的权力，自然让好喝酒爱美女而没有什么能为的太子李建成不安，出于猜疑与嫉妒，他联结三弟李元吉意欲谋害同胞兄弟李世民。却被李世民手下的谋士发现了他们的阴谋。没有办法，于长孙氏的哥哥长孙无忌及谋臣房玄龄的协力劝说之下，李世民最终下定决心，于玄武门除掉了太子李建成与兄弟李元吉。没有多长时间，李世民当上了太子。其实，他的父亲唐高祖李渊内心里最喜欢的也是他这个二儿子。对于这样骨肉相残的结局，长孙王妃从来就是非常反对的，然而面对政治斗争的残酷，她一个女子又会如何呢？她只好默默地理解丈夫。

唐高祖李渊于祖武德九年八月，由于年老而向太子李世民禅位，李世民当了皇帝。夫贵妻荣，长孙氏也跟着当上了母仪天下的皇后。但是，长孙氏并没有因为这而自觉得有多么伟大，她还像先前一样保持着恭俭贤良的美德。对于年迈赋闲的太上皇李渊，她很是尊敬并且周到地侍奉。天天早晚一定要去请安，总是提醒太上皇身旁的宫女该如何调节他的生活起居，好像一个一般人家的儿媳似的竭尽着孝道。对于后宫的妃嫔，长孙皇后也极为宽容与和蔼，她没有一心去争专宠，反而总是劝说李世民对待每一位妃嫔要一样。正由于这样，唐太宗的后宫基本上不会出现争风吃醋的事，此是历代都非常少见的。

由于长孙皇后的举止行为端直有方，李世民也便对她很是器重，回至后宫，总是和她一起谈论一些军国大事与赏罚细节。虽说长孙皇后是一个很聪明很有见识的女人，然而她并不愿用自己特别的身份来干涉国家政事，她有着自己的一套办事哲学，也就是男女不同，应当各自干各自的事，所以她道：

“母鸡打鸣，最终不是正经人做的事，妇人干预国家大事，也是不好的。”

有时，李世民却一定要看她是怎么想的，长孙皇后无奈便说出了自己经过成熟的思考而得出的想法：

“妾只知道身居安乐要想到危难之时，要任用有德才的人，要采纳忠言而已，别的妾就什么也不知道了。”

她说出的是大的准绳，而不是以琐细的建议去制约李世民，她由于深信自己丈夫的修为而很是相信他殿下的那批谋士贤臣的能力。

李世民很好地记住了长孙皇后的“身居安乐要想到危难之时，要任用有德才的人，要采纳忠言”这句话。

那时候国家已经差不多太平，不少武将慢慢已经不愿再在武功上下功夫，唐太宗便总是于闲暇的时候，聚集武将们练习射击技术，说是玩乐，其实是让武将们多练习武功，且用演习成绩来当作他们升迁和奖赏的重要标准。依照历代朝廷的规定，一般而言，除了皇宫守卫和个别功臣以外，别的人员上朝一律不准带兵器，以此来保证皇上的无虞，所以，有的人对李世民说：

“那么多人于陛下身边拽弓拿箭，万一有人想造反，要对陛下不利，那实在是国家的大灾难啊！”

李世民却实诚地道：

“朕用真诚之心对待他人，为什么要怀疑自己身边的人？”

他的唯德才是用，用人勿疑的作风，让他手下的文武臣僚们极为拥护；所以属下人人自勉，不敢有半点疏忽，即使于太平安定的时候也不放松警惕；国家长时间总是马壮兵强，一点儿也不畏惧会有外来侵犯之敌。

关于任贤纳谏的事情，李世民感受很深，所以也实行得很是到位。他总是对身边的人道：

“一个人要想看到自己的长相，就一定要照镜子；皇帝要想明白自己的缺点，就一定要凭借那些敢于直言的谏臣。”

他殿下的谏议大夫魏征便是一个敢于得罪皇上的忠直人。

魏征总是对李世民做得不对地方，当场当面给予指出，且极力地劝说他改正，李世民对他既敬又怕，总是说他是“忠谏之臣”。

然而魏征有时候在一些小事上也丝毫不放松，使李世民总是觉得丢面子。

有一天，唐大宗突然来了兴趣，率领了一大伙护卫近臣，想到郊外去打猎。可是刚要出宫门的时候，正好碰上魏征。魏征知道了情况后，马上便向李世民进谏说：

“现在正是仲春的时候，万物初醒，禽兽哺育幼崽，最好不要去打猎，还望皇上回到宫里去。”

那时候李世民正在兴头上，心道：我一个大唐的皇帝，好难有闲暇出去玩一回，即便是打一些哺育幼崽的禽兽又会怎么样？于是便让魏征到一边，自己依旧要去出游。但是魏征却不肯退让，只见他立于道中央坚决挡住李世民的路。李世民很是窝火，跳下马来气冲斗牛地回到宫里，上下的人见了全为魏征担惊。

李世民回到宫里看到长孙皇后，就咬牙切齿地道：

“务必要杀了魏征那个老家伙，这样才能一泄我胸中之恨！”

长孙皇后温柔地问明事情的经过，一句话也没有说，只默默地回到里边穿戴好礼服，然后一脸郑重地来到李世民的面前，纳头便拜，嘴里呼着：

“贺喜陛下！”

长孙皇后这一举动搞得唐太宗李世民晕头转向，不知所以然，吃惊地道：

“什么事情慎重成这样？”

长孙皇后一本正经的模样回答：

“妾听说有圣明君王才有直言敢谏的臣子，现在魏征的刚直，恰恰证明了皇上的贤明，所以妾向皇上道贺。”

唐太宗闻言心里不禁一怔，稍微思忖一下感觉皇后说得很是有道理。这样，满天乌云便消散了，魏征的地位和性命也安全了。从这里可以看出，长孙皇后不仅很有气度，并且还有着过人的智慧。

长孙皇后和李世民的大儿子李承乾从小就被封作太子，由他的奶妈遂安夫人全权治理太子东宫的平时用度。那时候宫里施行节约的制度，太子宫里也一样，费用很是紧张。遂安夫人总是在长孙皇后那里唠唠叨叨，说什么“太子就是将来的皇帝，就该受国家很好的供养，可是如今用度那么紧张，所有的器物全部都极为寒酸。”所以多次要求增加供给。然而长孙皇后并不由于太子是自己最爱的儿子便面软心活，她对遂安夫人道：

“当了太子，以后的日子还长着呢，最让人害怕的是德不立名不扬不能树立自己的威望，器物的多和少还有用度的不足算什么呢！”

她的公正和明智，让宫中各类人等都深为尊敬和佩服，哪个不乐意听从她的安排？

长孙皇后的兄长长孙无忌，能武能武，少年时代便和李世民是好朋友，且全力辅助李世民赢得天下，建立下了极大的功劳，原当高官显位，可是由于他的妹妹是皇后，因此什么地方都要避嫌，以免给他人遗下口实。李世民原本想拜长孙无忌为宰相，长孙皇后却向皇上说：

“妾既然已经身为皇后了，位置已经很高了，实在不能让哥哥再位居朝廷显位，这样会再蹈汉朝吕稚皇后的覆辙。还希望皇上圣明，不要让妾的哥哥再当宰相了！”

李世民觉得让长孙无忌任宰相凭的是他的功勋与才干，完全可以“任人不避亲，唯才是用”。而长孙无忌也非常顾全大局，不愿意做那么高的官。无奈之下，李世民只好让他当了开府仪同三司，置位清高没有什么实权。长孙无忌还要推让，他的理由是“臣是外戚，让臣做高官，恐怕天下人会说皇上私心太重”。李世民不想再听他的话，就摆起了皇帝的架子说：

“朕给国家选拔人才，只用有德有才者，假如无德无才，纵使关系再亲也不用，襄邑王神符就是一个很好的例子；假如真有才，即便是仇人也不避，魏征就是一个很好的例子。现在决定的这件事情，并不是因为我们是至亲的关系。”

长孙无忌这才无话可说，只好当了宰相。

此兄妹二人都是多么清廉无私的高洁之人啊！

李世民和长孙皇后最喜爱的女儿长乐公主，自小就生长在富贵窝里，是一个不折不扣的娇贵公主。快要和人结婚的时候，她对父皇母后撒娇地要求，自己的嫁妆要加倍地比姑姑永嘉公主的嫁妆多。李世民的姐姐永嘉公主，结婚的时候正逢刚建立唐朝百业待兴之际，所以嫁妆相当朴实。而此时，正当贞观盛世，国富民强，长乐公主结婚想要添加一些嫁妆原不算什么。然而魏知道了这件事后，便在朝堂之上说：

“长乐公主之礼如果太超永嘉公主，实在是不合情理，长辈和晚辈是有区别的。这是祖上有所规定的，还希望皇上别让人拿住话柄！”

对这番话李世民原本不予采纳——所谓时代不一样，情况有别，不一定就非要死守着那个规矩不可。回到宫里以后，李世民就将魏征的这番话对长孙皇后说了一下，长孙皇后却对这件事很是看重，她交口称赞说：

“怪不到皇上总是对魏征那么器重，此时听了他的谏言，实在是引礼义抑人主之私情，可以看出魏征真是社稷之臣。妾和皇上结发之夫妻，感情那么深，还总是对皇上有点害怕，说一句话还总是要看看皇上的脸色，一般情况下不敢冒犯龙颜；魏征是一个大臣，却能这样和皇上辩驳，真是难得啊，皇上千万不可挫伤他的这种积极性啊！”

这样，于长孙皇后的操持下，长乐公主出嫁，所带的嫁妆不是太多。

长孙皇后不只是言语说魏征好，并且还派人赐予魏征绢四百匹、钱四百缗，且传话道：“明白您为人很正直，现在感受很深，因此对您加以赏赐；希望您时常葆有这样的心，千万不要改变。”得到长孙皇后嘉奖的魏征，对大唐和李世民越加忠心耿耿了，总是敢于大胆于朝堂对皇帝直言相犯，一点儿也不害怕会得罪李世民和其他朝廷大员。也正由于有了他这般忠心赤胆的大言官，方让李世民避免了不少不必要的失误，而成为历史上少有的一代明君，归根结底，还有背后长孙皇后的一份苦劳呢！

长孙皇后和唐太宗于贞观八年一道到九成宫（在今陕西麟游）避暑，归来的途中遭遇了风寒，又引起了往日旧病，并且越来越严重，药物吃了很多，然而病情却没有得到缓解。这时候，于一旁伺候的太子李承干便向母后提说用赦免囚徒与度人入道等办法来乞求上天保佑，周围的大臣们感念皇后往日的大德也都随声附和，即便是耿直的魏征也没有像往日一样提出不同的意见。他们是多么希望皇后好好地活着啊！可是，皇后却坚决不同意这样的办法。她言道：

“大赦乃是国家的大事，佛、道两教也有他们自己的一定教规。如若能够随心所欲地赦免囚徒及度人入道，便一定会对国家的政体有所损害，这也是皇上所不愿见到的，怎么能够为我一妇人便不顾天下之大法！”

太子李承干听了，就不敢对父皇李世民奏告，只是将他母后说的话对房玄龄说了一番，房玄龄又说给了李世民。李世民听了以后，悲伤得涕泪交流，泣不成声。

病情拖了两年后，只活了三十六岁的长孙皇后，终于在贞观十年的大暑中与世长辞。长孙皇后弥留的时候，和李世民作最终的诀别。她竭尽全力对李世民道：

“我的家族对国家并没有什么太大的功劳和德行，仅仅是有缘和皇上结成了姻亲，方有了身价。要想长远保持我的家族的名誉和声望，妾最后请求皇上从此以后不要再使我的任何一个亲属担任朝廷的显要官职。妾在世之时也对国家没有一点功劳，因此死了以后葬礼也要简朴，只在山里下葬就行了，也不要起什么坟墓，不用什么棺椁，所用的器物，全要以木、瓦来制作，送终要俭薄。假如能够做到这般，便是皇上对妾最大的纪念！”

说毕这些话，便在后宫立政殿死了。这一年十一月间，在昭陵下葬。

唐太宗李世民悲痛之中也并没有全部依照长孙皇后的意思办理后事。他下令修建了昭陵，气势很是雄伟宏大，且于墓园当中专门修造了一座楼台，来方便皇后的英魂站在高处远眺。这位英明伟大的皇帝想以此来表达自己对爱妻的敬慕与怀念。

就是这样，长孙皇后用她贤淑的品性及无私的行为，不但赢得了唐太宗李世民和宫内宫外知情人士的敬仰，还给后世树立了贤妻良后的典范。至唐高宗的时候，她被尊称为“文心顺圣皇后”。

一代女皇——唐高宗皇后武则天

名后小册子：武则天(624年—705年)，唐高宗李治的皇后，后来成为大周帝王。并州文水(今山西文水东)人。其父当过工部尚书，被封为应国公，母亲为杨氏。武则天14岁的时候被召进宫里当才人。永徽六年(655年)高宗把王皇后废了，封则天作皇后。谥号为“则天顺圣皇后”。执政的时候执行了不少具有积极意义的政策，让大唐的经济、文化很是发达，曾经出现盛世景象。

无字天碑

那是一块高有七米的大石碑。虽然武则天生前无说出为什么要立此碑，然而按照后世人的猜想，一种是想她感觉自己的功绩伟大，无法用文字说出来；一种是想她明白世人对自己一辈子的看法毁和誉难以定论，这样便索性立了这个没有字的石碑，意思是全由后人来论述。然而也实在是这样，后来的人对于武则天的褒与贬也一直没有一定的说法。而作为中国历史上唯一的女皇帝，她所建立的丰功伟绩却完全能够永载史册。

则天出身

隋代的太原留守李渊的部下行军司铠武士彟的家里传出一婴儿的

哭叫声，一个女婴诞生了。

武士彟夫妻一看是女儿，便叹气道：

“嗨，还是一位千金！”

天天做梦都想要个儿子的武士彟夫妻看着晃动小腿哭叫的婴孩儿不住地不浪头。

这便为后来的武则天。此时是公元624年。

武则天家祖上都是以种田为业，父亲武士彟卖木材发了财，才花钱捐了一个“鹰扬府队正”的微小军职。一次偶然的机遇认识了以后的大唐高祖皇帝李渊，武氏家族的命运自此改变了。武士彟没什么出身，总是因此而遭王宫贵族们的嘲笑，所以心里很是窝火。那个朝代，有钱然而没有什么出身的家族，总是与没落贵族联姻，从此改变自己家的血统，此被看做是非常光荣的事情。武士彟这个人很是聪明，当然也想到了此点。

武士彟的原配夫人、文水乡下的相里氏于武德三年驾鹤西去了，武士彟想自己大小已经是个官员，要再娶的话，就一定要娶个贵族家的女儿，只是他自己与达官贵人结识不多。唐高祖李渊明白了武士彟的想法，便亲自做媒给他续弦，让他和武则天的生身母亲杨氏完成了秦晋之好。

杨氏的父亲杨达曾在隋朝的时候位居丞相之职，位高权大。以后杨达死了，此宗室宰相之家的地位也随之衰落下来了，杨氏和武士彟结合的时候已经有40多岁了，但还是给他生下3个女儿，武则天是老二。

武士彟由一个什么都不是的农民生意人，跻身作高官，他那超人的野心以及倔强的性格，全部传予了武则天，武则天差不多承传了父亲所有的个性。

武则天的血液当中有外祖父高等贵族的成分，然而那时候的门第是依父辈而讲的，武士彟仅仅是一介乡下富商。他身为开国的功臣，位居三品，爵封三等，那时候能够跻身于士族的行列；然而太宗贞观十二年修订的《氏族志》，依照传统的门第观念，却将武氏家族排除在了外边。所以，后来武则天一参政，立即修订族谱，把《氏族志》改作《姓氏录》，修改之后的《姓氏录》将武氏家族列作首等。

于如此家庭环境里长大的武则天，家庭的门第观念让她饱受世俗的轻视和攻击，也更加刺激着武则天。

武士彟在贞观元年十二月，当上了利州(今四川广元)的都督。于是，武则天和兄弟姐妹们跟着父母来到了利州，那时候她只有3岁多一点。

武则天一家来到利州过了一段时间后，忽然听说天下闻名的相术大师袁天纲奉旨从成都到长安去见皇上要路过利州的消息，武士彟就想此真是千载难逢的好机会。于是早早准备了，等相术大师袁天纲一到便马上盛情相邀，请求袁天纲给他们一家都看看相。当然，那时候的他最关心的是自己的妻子能不能生下个男孩子。袁天纲仔细相看着杨氏的手与脸道：

"夫人骨相不同一般，以后一定会有公子降生。"

武士彟听了心里是多么兴奋啊，不住地向袁天纲道谢，好像男孩是袁天纲赐给他的一样。

轮到袁天纲相看武则天。那时候的武则天由于年龄还小，所以穿着男孩的衣服，一副男孩的打扮。袁天纲细心端详着武则天清秀俊俏的长相，脸上慢慢现出了极为吃惊的表情，颤巍巍道：

"此郎龙睛凤颈，日角龙颜，真是富贵之极了。但是，只是个男孩儿，假如是个女孩儿，以后肯定能当皇帝。"

一语石破天惊，看着袁天纲难以压制的惊叹神情，顿时将武士彟一家吓傻了。

武士彟夫妻不相信一个女孩儿能当皇帝。然而野心勃勃的武士彟又认为，也许我的女儿可以开创历史先河？纵然不能当皇帝，可能够当上皇后这也说不定。

武士彟想至此，自己又仔细相看着自己的女儿武则天。他好像真的看到了武则天长大以后那种仪态万千、令人销魂的模样。有一个念头突然在他脑际萌发，禁不住对3岁的女儿说：

"你要长成美丽绝代之人，以后必然将你送到宫里。"

且给武则天改换了一个勾人的名字——媚娘。

自此以后，武士彟心里牢记着相术大师袁天纲的话，将自己的精力全部搁在了女儿武则的天身上，宝贝一样培育着她。

但是，武士彟并没有能等到那个时候，在武媚娘刚满12岁的时候，也就是贞观九年，他便在荆州都督任上病死了。

武士彟死了以后，媚娘的幸福生活也随之完结了。

父亲前妻相里氏的俩儿子元庆、元爽与他们的叔伯兄弟惟良、怀运等对杨氏母女很是刻薄无礼，让寡母孤女在长安过了一段很不顺心的生活。

此时的媚娘已经长成了十分美丽的少女。境遇的不好掩盖不了媚娘的容貌：身段纤细温柔，肌肤白得像凝脂一般，胸部丰满隆起，巧嘴像樱桃一样红润，鼻梁圆而巧，更勾人魂魄的是她那对细长的丹凤眼里不住地露出的醉人的妩媚与柔情。

皇帝终于听说了媚娘的容颜。

贤惠的长孙皇后死了以后，李世民于抑郁当中需要寻找一个精神上的寄托，这样，便下诏媚娘进宫。

杨氏接到圣旨是在贞观十一年十一月，身为母亲的她很是害怕和不安。她很了解宫里的情况。她明白，进入“三千后宫”的行列，一辈子能不能得到皇帝的宠幸也不知道，有多少宫女都将自己的青春埋葬在了后宫里面，至死也没有看见过真正的皇帝长得是什么样子。

母亲杨氏搂着年龄只有14岁的媚娘，哀哀地落泪。媚娘却神情如常地对母亲道：

“母亲为什么如此伤心呢？如果可以见到皇帝，难道不是非常幸运的事吗？这也许正是女儿的福分。”

如此，只有14岁的武媚娘，怀着对宫廷神秘生活的向往，步入了皇宫。

由于她是奉旨进的宫，因此一进宫，便马上经由掖庭令赐予才人的职位。皇宫里的才人仅是侍寝宴的侍妾，可对于武则天而言，这便为她实现父亲临死前未了的夙愿架上桥梁，武则天必须把握全部的时机。

媚娘进宫以后经过两三个月的训练，这一天，由宦官带领着，来到了甘露殿首次给皇帝侍寝，紧张得她心中咚咚直跳，内心里却一阵欢喜：

“终于有机会了！”

皇帝看着灯光下这位比传说里更美艳的人：带着几分羞涩同时，露出挑逗性目光的细长的丹凤眼；还没有完全成熟的身子，修长且纤细；嫩白的肌肤细腻、光滑，还有冰凉的感觉；她的浑身上下都有着说不出来的性感及魅力。皇帝迷醉了。

便是在此次欢愉里，李世民给了武则天“武媚”的赐号。聪慧的武媚娘明白这是自己细心侍奉皇帝得来的。果然，次日一大早，通过掖庭令便送来了皇帝的赏赐。自此以后，武则天总是能得到皇帝的宠幸。

武媚娘的受宠，使别的宫女很是嫉妒与怨恨。然而此位好强的武媚娘，用自己超然的态度，对周围的一切不予理睬。却不知，一场大祸就要降临在她的头上。

因为在这期间，总是白天能看见太白星。皇帝心里很是纳闷。赶紧将太史令李淳风秘密请来，让他解答这一怪异问题。李淳风说此次白天出现太白星是女主昌的预兆。皇帝突然想起那时候民间流传的一本《秘记》书，书上言说：大唐历经三代以后会有女皇武氏代主江山。他很快就想到了自己新近宠幸的才人武媚娘。

皇帝自从听了李淳风的解释以后，就不敢再和武媚娘接近了。

这样，武媚娘便等于失宠了。原来愤恨、嫉妒武媚娘的宫女们，便转而对她恶意嘲讽、辱骂，宦官们也流露出了嘲弄的神情。

正当武媚娘不知道自己失宠的原因而苦闷的时候，她用钱疏通过的那位太监对她说了民间流传的那个秘密。这个秘密在她心头就像一道闪电划过，她突然回想起了父亲临死的时候对她反复叮咛的那个“伟大的预言”，她的心脏顿时“咚咚”狂跳起来……

终于明白了失宠的原因。这样，武媚娘就日日都到特意给宫人办的内文学馆里读书写字，来避灾免祸，同时也填补失宠的无聊。

武则天一日日等待着再见天日的机会，这一天终于等来了，突然皇帝传来了圣旨，召武才人充当侍女去侍候皇帝。

此次充当侍女，仅可以立于屏风的后面望见皇帝与群臣们谈论朝政的情形，认识一下于后宫里非常难看见的皇亲国戚和朝廷百官。

侍候皇帝的时候，武则天总是感觉有人在长久地看着自己，她偷偷地往那个方向望去，那是李世民的九皇子晋王李治。两个人的视线有时对接了，又慌慌地避开。武媚娘察觉到晋王眼里流露出的赞赏、期望之情。一朵红霞禁不住飞上了她的脸颊。

自此后，便总是见晋王来向他的父皇请安。这主要是因为武媚那淡雅超俗的美，把晋王给深深地吸引住了。

可当李治明白武才人曾经给父皇侍寝的时候，他觉得没戏了，一位这么美丽的人，他是没办法得到了。他心里的唯一安慰，只是在向父皇问候的时候，向梦中的美人偷偷地看上一眼。

绝顶聪明的武媚娘当然明白了年少文弱的晋王的心思，她也喜欢着晋王的年轻和英俊，这正是美女爱少年的心思。在独处的时候，她就想，自己如果做了晋王的妃子……这岂不完美？然而她也愈想愈害怕……但是后来，她毅然决心不顾杀头之罪，要向晋王李治吐露自己的情感。她也坚信是不会遭到李治拒绝的。

唐太宗于贞观十七年四月七日，正式封晋王李治当储君。

当天晚上，李世民亲携太子李治与长孙无忌等几位朝廷大臣，于甘露殿里边给储君举办小型的宴会。武媚娘与几位侍女侍候在一边。酒喝到一定的时候，太子李治悄然站起来，武媚娘看周围没有什么人，便也马上跟了过去，柔声细语贺道：

“恭喜殿下，贺喜殿下！”

太子回身一看，烛光淡淡，一张美丽的容颜正多情地望着他。这正是他日思夜想的武媚娘。他的身体一震颤栗，一阵燥热。

……她贪婪地吸吮着她樱红的嘴唇。她那柔软的身躯、淡淡的幽香，让太子李治不顾了所有。这个世界上只有他们俩……

李世民在贞观十九年末，亲征高句丽失利以后，一场大病。国家大事暂由储君李治代理。

唐太宗于贞观二十三年春天病情突然恶化。依照唐朝的制度，皇帝驾崩以后，只要是后宫没有生育过的宫女全部要被送往尼姑庵，削发作尼。武则天思想自己进宫十几年来还仅是位才人，遭尽了后宫寂寞和恐惧的磨难，年纪那么轻却要削发为尼，过着青灯梵钟相伴的生活，多么凄凉啊！这让她怎么受得了？

没过多长时间，武媚娘和太子李治在共同侍候太宗的中间，便匆匆结合在一起了……

李世民辞世埋葬在昭陵，武媚娘悄然向储君辞行，与宫女们一道被送往长安的感业寺，削发作尼，为先帝收志，也完结了她的才人生活。

感业寺里的日日夜夜，武媚娘才真正体悟到了世态人情，感觉出了人生社会，地位之重要。

武媚娘将解放自己的希望寄托于新皇帝唐高宗李治的身上。她坚信，此愿望必然能够变成现实，因为临来尼姑庵前那个夜晚李治对她许了愿。

李世民的周年那一天，武则天风闻高宗皇帝李治将到感业寺来上香，很是惊喜，她抑制不住心跳自远偷望，高宗李治再次碰到了武媚娘那妩媚多情的眼神，一时间又旧情复燃。他追踪武媚娘的身影只身敲开了武媚娘的禅房。武媚娘早已激动得什么似的，唐高宗李治见到武媚娘苍白、憔悴、哀怨的容颜，心里一阵难过。武则天也压抑不了自己的感情，扑入唐高宗李治的怀里，泪水涟涟……

高宗李治心想：武则天曾经是先皇的宠妾，假如直接将她弄到宫里，必然会遭致非议，不胜先将她安排在皇后身边当一名侍女，随后再给她封些什么，如此，方掩人耳目。

这样，唐高宗李治便来找皇后商议此事。此时的皇后王氏正为了对付当时正被受宠的萧淑妃而犯愁不晓得怎么办，便很是痛快地愿意把武媚娘接至皇后的宫里，使她以后对付萧淑妃。

但是，28 岁的武媚娘已经不是过去的武媚娘了，她这已是第二次进宫。她已经经过了多次的磨砺，真正成熟了。

计登后位

已经完全成熟的武媚娘将要在权力之争里大显身手了。

武媚娘这次进宫以后，先是向王皇后卑躬屈膝，很是顺从，全力侍候，非常快地便得到皇后的喜欢和信任。同一时，她收买了宦官，打探宫廷内外的情形，没有多长时间，后宫里的所有事情她就都知道了。

武则天在永徽三年三月，给唐高宗李治生了一名皇子，取名叫弘，有了儿子，身为母亲的她就随着高贵起来，唐高宗李治也高兴得不得了，将武媚娘封作昭仪。是年七月，唐高宗李治将王皇后 10 岁的养子陈王李忠立作储君。王皇后达到目的了，然而她确实小觑了武媚娘这个人。

武媚娘于后宫内全力地活动，网络收买人心，把所有和皇后、淑妃关系不好之人，皆生法拉拢到自己的一边，然后把他们安插于皇后和肖淑妃身边。这样，昭仪武媚娘便全部掌握了王皇后与萧淑妃的所有动静，可以说完全掌握了主动权。

皇上很是信任武媚娘，这就让王皇后与萧淑妃都失了宠，武媚娘下一步的目标便是皇后的位置了。然而昭仪之上还隔着四夫人，一下子登上皇后的座位是很不容易的，也不太合乎情理。但是她想：若先拔高一下自己的地位，再来取得皇后的位置，也就不是太困难了。武媚娘便温柔地对唐高宗说："现在妾能不能向上升一级呢？"唐高宗也想着要给武媚娘提升一个级别，然而四夫人的位置还没有空缺，唐高宗一时露出为难的样子。武媚娘嫣然一笑，说：

"皇上能不能在四妃之上，再建一个宸妃，赐予臣妾呢？"

唐高宗听了豁然开朗，便大笑，说：

"爱妃真是太聪明了，待朕与丞相们商量商量便封你当宸妃！"

没有想到的是，丞相韩瑗、来济等都决然反对。因为丞相们的不同意，唐高宗只好将宸妃的问题一时放在一边了。

武媚娘知道了这个消息后，恨得牙齿痒痒道："早晚有一天，我会调理这帮老顽固"

当时的武媚娘心里很明白，要想当皇后，首先便要让唐高宗废掉皇后，武媚娘便计划着废掉皇后的步骤与采取什么样的措施。

王皇后虽然失宠且不会生育，然而唐高宗性情优柔缠绵，要想使他和王皇后断了这 10 多年来的结发夫妻情谊，的确是很不容易。但是武媚娘要登上皇后的位置，不这样便很难向前迈出一步。武媚娘便使出了一个嫁祸栽赃的冒险计策。16 年的宫廷生活已经完全泯灭了她原有的那种循规蹈矩的思维逻辑及行为准则。

武媚娘坦率的性情和超人的聪慧，特别是她那丰腴而又富有弹性的身躯更加博取了唐高宗的倾心与敬慕，此为她能打败萧淑妃，进而问鼎王皇后位置的最重要原因。但是，武媚娘是以她非同一般的、高超的心机登上的皇后的宝座。

武则天在永徽五年春生下了一个长相与她非常像似的小公主，极是让人喜爱，特别是唐高宗，每次一下朝，就总是要来看上几眼。

这时候的王皇后已经陷入了深深的悲观和痛苦里，差不多已经预感到自己的命运和将要面临危险。王皇后辗转反侧，打算要和武媚娘和好如初。她想此举或许可以保住自己皇后的位置。刚好武媚娘又产下了这一个女儿，很是惹人喜爱，皇帝也很是喜欢。王皇后便想这难道不是一个表示诚意的好时机吗？

于是，这日一大早，王皇后便专门来武媚娘的馆里相探。

谁想武媚娘此刻却不在，她又一阵心灰。看着襁褓里漂亮可爱的小公主，王皇后觉得极为新奇，没有想到世上还有这样好看的小嘴儿、小鼻子的小人儿。可紧跟着便是一阵难以诉说的伤感袭上心头，她想，假如自己也能为高宗生下这样一个可爱的女儿，也不会走到现在的地步。王皇后想至此，禁不住泪流满面，连忙盖着脸跑了出去。

武媚娘非常奇怪地看见王皇后打小公主房间里迎面跑出来，突然，她的心一沉，一下子又狂跳起来，这不正是陷害王皇后夺取后位的好时机吗？想至此，她的全身一阵颤抖，嘴唇被咬得已经渗出血来。武媚娘一个人来到小公主躺着的地方……

不一会儿，皇帝来看小公主了，武媚娘和平时一样迎接皇帝。然后，她走到小公主躺着的地方，去掀小公主的被子。但是她猛地一声尖叫，昏倒在地。唐高宗也大惊，慌忙上前，只见小公主已经断了气息。皇帝惶急地问周围都有哪些人曾经来过这里，就有人小小心心地回答说：

"皇后刚打这里慌慌地跑出去。"

唐高宗大怒，恼恨到了极点，高声大叫道：

"她敢杀我的女儿！"

此时的唐高宗对王皇后的感情已经完全破裂了。就此，便产生了让武媚娘取代王皇后的想法。

武媚娘哭天嚎地，对唐高宗诉说这些年来自己受了多少委屈：原来王皇后收容她都是为了要打倒萧淑妃，后来王皇后又逼着自己报恩，自己总是忍辱负重地服侍皇后，却遭到这样的不公。自从自己生了皇子弘之后，王皇后就与萧淑妃联合起来对付她……

唐高宗李治越听越感到心碎，越感到气愤。

面对此场自天而降的灾祸，王皇后真正被完全打懵了，她连知道到底是怎么回事都不知道，她有口难辩，茫然不知所措，她怎么能料到武媚娘会亲自把自己亲生的那么可爱的孩子……

高宗李治想，如此的女人怎么还能让她当皇后呢？可是废皇后的大事必须要得到朝廷大臣们的同意才可以。那时候的朝廷大臣、国舅、太尉长孙无忌都是极大的关隘。

唐高宗与武媚娘由岐州风泉池休养回宫之后，武媚娘就求李治带着金银财宝、绫罗绸缎等10大车的礼物，去登门拜访长孙无忌。

唐高宗李治把长孙无忌的3个儿子都封为朝散大夫从五品的官职。长孙无忌心道：皇帝与武昭仪私下登门，后面必然有什么猫腻。皇帝果真道：

"皇后没有生下儿子，武昭仪已经生下了皇子，何况皇后屡遭非议，朕想……"

还没等皇帝将话说毕，公孙无忌就极其巧妙地将话题给引开了。唐高宗李治与武媚娘只好无果而返。

从三品官员卫尉卿许敬宗由于总是受到长孙无忌、褚遂良等的压制而产生强烈不满的心理，此时就站出来拥护武昭仪。为了向武昭仪表达诚意，他直接到了长孙无忌的家里，当场提出要立武昭仪当皇后，希望太尉勿要从中作梗。公孙无忌对他一阵厉色斥责。

武媚娘很快知道了这件事，明白朝廷里已经有人站在自己一边替自己说话了。她马上遣人向许敬宗赏赐了一大笔财物。

武媚娘针对长孙无忌的这种态度，很是恼火。她再一次深刻地感到自己不是贵族出身，根本也别想取得这些望族遗老的支持。如此，她便很快将与长孙无忌集团的决斗放在日程上了。

王皇后的家族首当其冲遭致了连番的打击。王皇后在母亲魏国夫人柳氏的教唆下，暗地里召来巫女，沉迷在了巫术当中。此为后宫禁忌。武媚娘探知此消息，将计就计对皇帝高宗说了。高宗马上让太监到皇后宫中搜查，果然自床底下搜出来了两个桐木人，两个桐木人的身上还分别写着"武媚"和"高宗"等字样，胸部和腹部上还钉着大钉子。皇后和柳氏嚎啕大哭，自己虽然作巫，可没想到竟会出现这些自己从没干过的事。柳氏还不住地叫喊：

"这必然又是武昭仪的栽赃和陷害！"

高宗想起过去皇后和萧淑妃联合起来辱骂武昭仪，皇后又杀害了可爱的小公主，这次又从皇后房里发现了诅咒昭仪和自己的桐木人，这一切坚定了他废后的决心。

高宗于永徽六年十月十三日，颁诏废王皇后、萧淑妃为庶人，亲族全部流放到岭南。十九日，颁布了立后的诏书，32岁的武媚娘终于当上了皇后。

听政垂帘

虽然，武媚娘心狠手辣，可是她也实在有着超人的政治才能和治国方略。武媚娘在唐高宗上元元年，上意见书十二条，历史上叫做“建言十二事”。当中包含发展农业、减轻赋税、广开言路等，具体是：

一、劝农桑，薄赋徭；

二、给复三辅地(免除京畿地区徭赋)；

三、息兵(停止对外用兵)，以道德化育天下；

四、禁止所有浮华巧伪的风习；

五、减功费、省力役；

六、广开言路；

七、杜绝诬害忠良的谗言；

八、王公以下都要学习《老子》；

九、父在为母服齐丧三年；

十、上元以前的勋官已给告身(委任状)者，不再复核取消；

十一、京官八品以上，增加俸禄；

十二、任事已久，才高位低的官员，越级提拔。

此几乎为一套颇为完善的治国方略，唐高宗李治看了以后极为赞赏，且立刻颁布了诏书号令在全国施行，也皆取得了下层官员及庶族地主阶级的响应。再后，武媚娘便开始进一步地扩大自己的势力，且一步步地参与国家大事的管理。其实，于此过程当中，武媚娘于有意无意当中做着自己当皇帝的前期准备工作。

唐高宗和元老重臣存在着一些矛盾，并且身体不好而多病，总是无法临朝管理政事。武媚娘借此机会，慢慢地操纵朝廷的政务。唐高宗生性平和柔弱，如此以来，也便乐得清闲。

首先，武媚娘要于朝廷大臣当中建立自己的威。

唐高宗刚要立武媚娘当皇后之时，长孙无忌等人极力地阻止，武媚娘对这件事早已怀恨在心。长孙无忌还是唐太宗李世民长孙皇后的兄长，李世民驾崩之时委以重任，假如要立威便要由长孙无忌的集团起。武媚娘暗使许敬宗一般人，诬造罪名制造朋党案，之后再把长孙无忌牵扯了进去。唐高宗李治不知就里，便下令将他流放到了外地，没有多长的时间，许敬宗又逼长孙无忌自裁。长孙无忌集团别的人员也被逐步扫除，有的杀掉，有的流放。武媚娘终于把最大的障碍给解除了。

但是，武媚娘的独断也慢慢招致了高宗李治的不满。西台侍郎上官仪在唐高宗麟德元年，对武媚娘召术士入宫禳灾一事上书狠加指责。唐高宗李治也由于逢事就一定会被武皇后所制而很是窝火和愤怒，于是便令上官仪代为草诏废掉武媚娘。武媚娘听信赶到，唐高宗李治只好改换了主意，且将责任都推到给了上官仪。武媚娘大为恼怒，没过多长时间，便暗中指示许敬宗诬造上官仪与已废太子李忠图谋反叛的证据，且杀死了上官仪父子。将长孙无忌与上官仪解决以后，整个朝廷里差不多也便没人敢公然和武皇后对抗了。

因为武皇后对政务的处理有章有法，不似高宗李治一样犹犹豫豫，再加之武皇后本人的政治韬略，让朝廷大小臣僚们极为敬服。虽然，唐高宗李治对武则天的独断非常不满，然而国家的很多大事却又不能不凭借她。于是，武媚娘便一步一步地自幕后走到了前台，这看来，还是她的才能决定了她今后的命运。再后来她竟然与唐高宗李治一起走上金銮殿，一起接受大臣们的朝拜，一起主持政务。上元元年，高宗号天皇，武皇后号天后，天下人都称他们是“二圣”。自这以后，唐高宗的皇帝位便形同虚设了，朝中的大权，都牢牢地掌握在了武媚娘的手中。

长孙无忌等人起始反对武媚娘当皇后的一个极为重要的原因便是武媚娘没有很好的出身，武皇后对这件事耿耿于怀。为了把自己的威望提高上去，为了以后更好地执政，武皇后主持修改了《姓氏录》，来拔高自己武家的地位。中国古代自魏晋南北朝起始，慢慢形成了门第士族的政治，讲究门阀高低的不良习气充斥朝廷内外，此不良习气越来越严重，至大唐初年依旧没有停息。唐太宗李世民的时候，也曾经组织修订过《氏族志》，当中也列入了不少官职极低的人的姓氏，然而武姓却没有在此间。武媚娘把长孙无忌赶出朝廷以后，于朝廷里的势力大大增强，她见时机已经成熟，便让许敬宗等人编修新的《姓氏录》。许敬宗按武则天的意思用极快的速度便修好了新的《姓氏录》。修订好的新《姓氏录》把武姓列作首等，而别的姓氏却依官职品位的高低顺序来排列。

如此以来，原先的那些士族官僚不再拥有入仕当官的有利条件，也无法因为自己出身高贵而想做什么就做什么。对于那些庶族出身的官员，也不再因为没有什么门第而遭受耻辱了，从重修的《姓氏录》里再也看不见士族贵族的特权了。

武媚娘掌握着朝中的大权，然而唐高宗李治身体多病，太子随时都有可能出来掌握实权，因此武皇后不可不重视这个问题，为了显示自己的才干，武皇后不惜用自己的亲生儿子作为代价。

武则天生有四个儿子，大儿子叫李弘，二儿子叫李贤，三儿子叫李显（又叫李哲），四儿子叫李旦（又叫李轮）。早在公元656年之时，李忠太子被废黜，立武媚娘的大儿子李弘作皇太子。李弘这个人为人很是忠厚，也非常明白谦虚忍让的道理，也有相当的才能，唐高宗李治与大臣们对他也皆非常满意。唐高宗身体不好，这样便想着禅位给大儿子李弘。然而，武则天却不愿失去好不容易才拥有的权力，再之李弘有他自己的主见，对于母后也并不顺从，这样，在上元二年，武媚娘便用毒药把自己年仅24岁的亲生子李弘给活活毒死了，然后又封二儿子李贤当太子。

唐高宗李治又遭丧子之痛，身体状况越来越不如越的了，便欲将帝位禅予武皇后。此种想法很大程度地直接刺激了武则天要当皇帝的欲望。此时，她已经准备要当皇帝了。然而，却遭到大臣们的极力反对，他们想：历朝历代哪有女人当皇帝的？这算哪门子事呢？——他们扭不过这个弯来，这样便只好将朝廷大政托付于太子。自从高宗委以李贤临国之任以后，李贤处理政务相当精干，朝臣们对他也极为赞赏，这便又刺痛了他的母后。这样，他的母后便阴让人诬告太子对于女色贪恋，并欲早早地当皇帝，且于公元680年8月，废掉了李贤的太子身份，贬作庶人，复立三儿子李显当太子。

一代女皇

唐高宗于弘道元年驾崩，太子李显继位，是为中宗。然而依唐高宗的遗诏，朝廷政务还要听从武后的意见。没过多长时间，媚娘用皇太后的名义临朝称制。纵然如此，也无法满足武媚娘对权力的欲望，她通过频繁地更换皇帝来操控朝廷的大权。武太后在一年以后，便将李显废掉，贬他去当庐陵王，同时，又立四儿子李旦当皇上，也就是睿宗。李显和李旦两人全是平庸的人，因此纵然当了皇上，也只是母后的傀儡而已，什么地方都被母后制约着。

武媚娘改换官名把东都洛阳改成神都，就是想自己当了皇帝以后作为都城。同一时间，把原本的尚书省改为文昌台，左、右仆射变作左、右丞相，门下省变作鸾台，侍中变作纳言，中书省变作凤阁，因此本来的宰相名称“同中书门下平章事”也当然便换作了“同凤阁鸾台三品”。尚书省下属的六部也变了称谓：吏部变为天官，户部变为地官，礼部变为春官，兵部变为夏官，刑部变为秋官，工部变为冬官。御史台分作了左肃政与右肃政两台，由左台来负责对朝廷的监察，右台负责对地方郡县的纠察。武媚娘想通过对这些官职称谓的修改，来建立自己的威望，创立一套全新的秩序，并且于改革的新名称当中，不少皆具备女性的特点，显然是为自己以后当女皇做铺垫的。

依我国历代的封建制度，后宫不能干涉政务，但是这个时候，武太后的权力那么大，在朝廷当中其实已经是皇帝了。于是，唐朝旧臣便纷纷起兵，以勤王为名向京城进兵，攻打“乱政”的武太后。当中声势最大的便是徐茂公的后代徐敬业。

那时候徐敬业为柳州刺史，武媚娘曾把他贬出京城。他在扬州首先起兵发难，只有十几天的时间便召集了几十万的兵马，当时的大才子、著名诗人、初唐四杰之一的骆宾王还特意写了《讨武檄》，来遍布天下。宗室琅王李冲于博州、越王李贞于豫州也皆跟着起兵，共同讨伐武太后。个个正气凛然的样子。

武太后亲摔大军，亲自指挥，调集了三十万兵马迎战，遣李孝逸带兵平叛。

宰相裴炎于平定叛乱的当中借机谏言武太后还政于睿宗，武则天大怒了，立即就把他给处死了。过后，武则天也把别的几个宰相也罢了官，任命韦方质、武承嗣、韦思谦当宰相。于以后的两个年头里，宰相屡屡更换，差不多已经无任何实际上的职权了。

又过了没多长时间，便平息了叛乱。徐敬业、李冲和李贞等主要发难的人，有的死在战场上，有的被捕杀，没有一个能够幸免，武太后终于渡过了此次大的困难。以后，武太后又凭借此次机会，尽量地株连、捕杀李氏宗亲。

她那冷酷果断的性格真正体现出来了。

此时此刻，武太后差不多已经完全清除了自己当皇帝的障碍，为了更多地获得筹码，武太后又煞费心机地做了最后的准备，亦即是改换年号，在舆论上进行造势。

武则天在公元690年，凭借佛僧法明的话，大造舆论：

"武后是弥勒佛转世，应代唐做天子。"

又暗使自己的侄子武承嗣遣人给自己送了一块刻着"圣母临人，永昌帝业"的白石头，说是从洛河水里挖出来的。

再后，武后又让唐睿宗为首的六万臣民上表向自己劝进，请求变换国号。全部这一切皆让武媚娘代唐称天子显得名正言顺。

看到时机已经真正成熟了，武后便在公元690年的重阳节，也就是九月的九日，于"上尊天示"、"顺从众议"的呼声里登上了天子的龙椅。改元为天授，正式创建了自己的大周王朝，自称为"圣神皇帝"，将周文王姬昌尊作始祖文皇帝，将自己的父亲尊作孝明高皇帝，建武氏七庙，甚至还想将自己的侄子武承嗣立成储君，这真是把李姓的江山改为武姓了。但是遭到凤阁侍郎李昭德的强烈反对而后作罢。

她还给自己取了一个名字"曌"，也就是是日月当空的意思，她把自己比作了日和月。

武则天同时把睿宗李旦降成太子，皇太子李成器也降成了皇太孙。

武则天也就是如此当上了中国历史上首位也是唯一的一位女性皇帝，而此时的武皇帝也已经66岁了。

武则天是位杰出的政治家。在她当皇帝期间，社会的经济取得了又一步的发展，这些全取决于武则天适时的政策与她上佳的政治才能。

自北魏的时候开始实施的均田制，是一项极其重要的土地政策，不仅对农民的安居乐业十分有帮助，国家的税收同时也有了保证。然而，建立唐朝以来，由于社会经济的逐步发展，有愈来愈多的豪门大户开始通过强制掠夺或者买卖的手段兼并农户的土地。如此以来，穷困的农户便丧失了土地，财产也很快典当净尽，差不多已没有了可以让他们定居的地方，唯有到处流浪，很是影响社会的安定，而国家的税收也丧失了保证。女皇武则天明令禁止对土地的兼并，对农户的利益加以保护，且让地方官对农业生产加强管理，对州县官辖区里"田畴垦辟，家有余粮"的，便给予提升及奖励；假如有"为政苛暴，户口流移"的便要罢免官职，且还要予以惩处。

武则天当了皇帝以后，将以往把家世作标准的陋习摒弃了，明令不管资历的深和浅，门第的高和低，皆有资格作为人才被推荐到朝廷当官，毛遂自荐也行，通过考试看其才能进行录用。科举考试的制度是由隋朝的时候起始的，然而，对于这一制度的真正完善，却是在女皇武则天的时候，经过此路径，那些寒门出身的人能够依靠自身的才能而取得官位。武则天于天授元年"策贡士于洛城殿，贡士殿试自此始"。又于长安二年，开武举，对军事人才进行选拔，一时群英荟萃。她先后起用的一些宰相，像李昭德、魏元忠、杜景俭、狄仁杰、姚崇和张柬之等，以及边将像唐休、娄师德和郭元振等人，全可谓是一时的人杰。这群人对女皇武则天时期的政治和经济的发展都起到了巨大的作用，甚至还对以后的唐玄宗时代也有所影响。《资治通鉴》再写到此处之时也说："太后虽滥以禄位收天下人心，然不称职者，寻亦黜之，或加刑诛。挟刑赏之柄以驾驭天下，政由己出，明察善断，故当时英贤亦竟为之用。"看来，如此的评价也是颇为客观正确的。对于那些不称职的官吏，她也丝毫不留情面地予以罢黜，从而确保了政治上的相对清明。

很长时间以来，北方的游牧民族总是对中原进行侵扰，特别是在气候状况不好之时，历代的统治者对这类事都真是伤透了脑筋。秦代之时就修筑了万里长城，目的即是对匈奴的掠夺进行防范和抵御。女皇武则天的时候，运用恩威并施的办法来处理和北方游牧民族的关系，取得了极佳的成效。吐蕃、突厥、契丹等少数民族总是南下掠夺，女皇武则天运用募兵、发奴、就地组织团兵等措施，解决了兵源的问题。以往抗击少数民族之时，粮草是一个很大的问题，因为边疆相距经济中心地区遥远，因此总是因为没有办法供应充足的粮食而遭致失利。对于此事，女皇武则天运用大兴屯田的办法，于边地设立屯田，这样就解决了粮食的问题，消除了对于战争的后顾之忧。武则天在长寿元年，借吐蕃内乱的机会，令武威军部管王孝杰进攻吐蕃，取得了长足的胜利，恢复与重建了于阗、疏勒、龟兹、碎叶四镇，巩固了西部的边防，天山南北地区纳入到了唐帝国的统治范围区域当中。正因为此地区的交通得到了疏通，曾经中断的通向中亚细亚的商路重新获得了发展，进而促进了和这些少数民族在经济、文化方面的交流。武则天还相当好地处理了和周边少数民族的关系，大胆地起用少数民族有能耐的将领，对于巩固统一的多民族的封建中央集权国家起到了非常好的作用。

武则天不仅倚重武功，也同样对于文治非常重视，她也亲自督导编撰重要的文集。她召集当时的大儒周思茂、范履冰、卫敬业等，在内禁殿撰《玄览》、《古今内范》各百卷，《青宫纪要》、《少阳正范》各三十卷，《维城典训》、《凤楼新诫》、《孝子传》、《列女传》各二十卷。武则天自身的文学修养也颇高，还写有《垂拱集》上百卷与《金轮集》十卷，如今已经失传了。《全唐诗》等书录有她写的诗 58 首，当中不少全为庙堂祭奠之时的作品，也有记游抒情的诗篇，像《如意娘》：

看朱成碧思纷纷，憔悴支离为忆君。
不信比来常下泪，开箱验取石榴裙。

武则天还自己制作了《大乐》，演奏需用九百舞工。并且，她还自己造了“照”、“地”等几十个文字。

武媚娘一共执政四十六年，用皇后的身份干政二十四年，用皇太后的身份称制七年，当了十五载的皇帝。她这一辈子既有功也有过，然而总的而言是功比过大。有数据可以表明，在唐太宗死后三年，也即唐高祖永徽三年，全国的人口是 380 万户，然而到了神龙元年，全国的人口已经增长到了 615 万户，比着唐初时的人口增长了差不多一倍。因此来说，女皇武则天统治的时期，也为大唐极盛的时候，那时候不仅发展了唐太宗李世民的“贞观之治”，还给以后的唐玄宗李隆基的“开元盛世”打下了极好的基础，这是一个承上启下的关键时期。

不能不说武则天是一位很有作为的皇帝，她的文治武功皆有可圈可点的地方。她管理天下的魄力与气概也是前无所有的。历史学家本着“不没其实”之原则，给她撰写了唯有皇帝才能享有之本纪，给她的一生作出了较为客观公允之评价：“坐制群生之命，肆行不义之威，振喉绝襁褓之儿，菹醢醉椒涂之骨，其不道也盛矣！然犹泛延谠论，时礼正人，遵时宪而抑幸臣，听忠言而诛酷吏，有旨哉！有旨哉！”还有些人评论道：“然则区区帷薄不修，固其末节。而知人善任，权不下移。不可谓非女中英主也。”

武则天身为中国历史上独一无二的女皇帝，杰出的女性宋庆龄对她的评价恰如其分：“封建时代杰出的女政治家。”她的是非功过，正像她为自己所立的那块“无字天碑”似的，只能让历史来判断和评说。

断腕皇后述律平

名后小册子：述律平(879 年—953 年)，名字叫月理朵，汉族名字是平，契丹族右大部人，辽太祖耶律阿保机的皇后。她的父亲名叫婆姑，曾经是阿扎割只。母亲为耶律氏，是辽太祖的亲姑母。辽太祖登基号为“天皇帝”，述律皇后号为“地皇后”。身为古代游牧民族的女性，她的文治和武功，都能够彪炳于史册的。裁处军国大事，她独当一面，有着超人的果敢精神。为了契丹的政权之安危，她虽也曾经大肆杀戮，但之后又识才善用，知错必改。全部的这一切，皆不失为后人的典范。

助君立国

契丹与回鹘皆为我国北方的游牧民族，历史悠久。他们的主要生活方式为逐水草而居，畜牧渔猎，盘马弯弓，所以他们男女老少很小的时候就习惯了马上的生活，对于骑射非常熟练。述律平的先世祖就是回鹘人。所以述律平可以说就是在马嘶弦鸣声中长大的，又有身受贵族文化的熏陶的机会。她不仅很会骑马和射箭，在见识和阅历上也是一般的牧人子女无法相比的。

据说，有一天述律平去至辽河、土河(今辽宁老哈河)交汇的地方，碰上了一位坐着青牛拉的车迤逦而行的年轻美丽的女子。她忽然看见了述律平，就急急忙忙地躲避而走了，眨眼就看不见影了。如此，那个地方便有一首童谣相互传唱:"青牛妪,曾避路。"这原来还有一个说法,契丹人被称为祇——"祇"乃地神为青牛妪,意思就是连地神碰到了述律平也要回避而去,足以见得她生有贵得难以述说的异相。虽然此仅为民间之传说,但也能从这个传说当中窥见到述律平在后人心目中是什么样的地位。

当时,契丹族诸部落中实行的是氏族外通婚制,可能是自耶律阿保机之三世祖萨剌德起,耶律和述律两个氏族之间就结成了稳固的姻亲关系。根据父系氏族一般的传统,耶律氏的女儿皆嫁至述律氏当中去,述律氏的女儿也皆嫁至耶律氏当中去,并且贵贱不限,氏族之间就是原本辈分不一样的男人和女人也能作夫妇,外甥女和舅舅作夫妇,表侄儿和亲表姑作夫妇等等,全为常见的事情,在以后的整个辽朝当中皆一直保持着此婚姻风俗。

耶律阿保机与述律平是姑表兄妹,他们俩的结合,真可以说是珠联璧合,如鱼得水,于我国北方之历史舞台当中合奏出了一曲契丹优秀儿女雄壮恢弘的历史乐章。

阿保机与述律平他们俩的智慧及才华,当然与所处的迭剌部落得天独厚的地理位置是难以分隔的。由于迭剌和农耕的中原地区相近,经常与汉族人接触,在社会经济发展上比着别的部落都要快得多,早于阿保机的七世祖涅里的时候,便已经成了整个契丹八部落里最为强大的一部。涅里为遥辇氏部落联盟最初的著名统帅,曾经被唐朝皇帝任命为松漠的都督。自他之后,阿保机的先人就祖祖辈辈被选作迭剌部之酋长,且称为部落联盟之军事统帅——夷离堇。在阿保机很小时,便为契丹部落贵族已经逐渐强大、并积极对外进行发展与掠夺的时代。

这样好的地利和天时,给阿保机的宏图大展打下了坚实的基础,他紧抓时机地充分运用和施展了这些绝好的基础。就在和述律平结为夫妇以前,阿保机已经当过挞马狨沙里(扈卫郎君,也就是遥辇氏部落联盟可汗的亲兵队长),于战争里极其英勇地冲锋陷阵,崭露头角。很快被选作迭剌部的酋长,且当上了部落联盟的统帅,3年以后又被进一步授予"于越"的称号,军国大事全在他的手中,他的地位只比可汗稍差一点。他统摔兵马,向北破室韦,向东打女真,向西征奚族,向南进河北和河东,到处征讨,于连续的战斗当中抢夺了大批的人口及牲畜。

之后,于丈夫阿保机攫权、征讨、戎马创业的艰难过程里,述律平是他实在的得力的助手,贤德的妻子——她用那超拔的政治与军事才能,帮助丈夫阿保机制定方略,让他抓住机会,果断行事,不断地稳固与加强他们的势力。

唐朝覆灭的那一年，以迭剌部为首的契丹部落联盟的势力却更为强盛了,阿保机的威名也远近闻名。他利用部落选举的传统仪式,推翻了遥辇氏联盟可汗痕德堇，成为了新的可汗。然后他依旧向周围大肆扩张,东到大海、西至沙漠、南抵白檀、北及于潢之辽阔土地都成了他的势力范围。

在这以后,于他的妻子述律平的殚心竭虑的辅佐之下,阿保机连续扩大自己的权势,给他以后的建国、当皇帝,夯实了坚固的政治及军事基础。阿保机先是运用手段,将部落联盟里的北府、南府两个行政机构很好地掌握于自己的手里,对两府长官(以后叫做宰相)由各部落酋长联合推选的常规进行了真正的打破,直接下令让述律平的哥哥敌鲁当北府的宰相,自这以后便开创了皇后家族辈辈成为宰相的先例。

就在同一时间,为了更方便地调遣和更好地防卫,阿保机于自己的营帐内增设了被叫做“腹心部”的侍卫亲军“皮室军”(皮实也就是有韧性耐打的意思),让自己的亲信曷鲁与述律平兄弟敌鲁、阿古只统率,其成员都是打各部当中精心挑选的勇士,有 3 万名。尤其需说的是,述律平也趁机挑选了 2 万骑精锐，组建成 “属珊军”(属珊也就是珍宝的意思),由她自己亲为统领,当作“腹心部”的羽翼。

述律平给阿保机和对其后建立的辽朝做的很大的贡献还有就是对汉族知识分子进行保荐,让每人都能够充分地施展自己的才能。这个措施的施行有着极为深刻和广泛的影响,它让韩延徽为了这个而对阿保机忠心全力进行辅佐。于韩延徽的建议之下,对官府进行了开设,对城郭进行了修筑，对逃亡而来的汉人进行了妥善安置，对荒地进行了开垦,对农业的生产进行了扶持。这一切对于契丹的经济实力是一个非常大的增强，是对于契丹这样一个祖祖辈辈以狩猎为生的游牧民族,实在是有重大历史意义的革命。也让阿保机充分意识到了汉族知识分子是多么的重要,自此以后更为注意在汉人当中选拔人才。述律平也非常看重那些有一技之长的汉族人，把不少俘虏而来的汉族手工业工匠先后编到了她亲为统领的属珊军里。述律平收养了一名被契丹兵掳掠来的吐谷浑族小婴孩，名字叫直鲁古原，他长大之后，成了一代精通针灸的名医。

述律平对于权变之术极为精通，聪明灵透，这一点也是丈夫阿保机离不开的得力助手。这突出体现于平息“诸弟之乱”里。

那时候，契丹族正处于旧的父系氏族制度和新的奴隶制度快速更替的关键历史时期。由于他们对外的大肆扩张，尤其是对于汉族农耕地区的占领与社会经济的发展，汉族地区颇为先进的生产关系与社会制度对于契丹族的影响一天比一天加强，契丹族内部新旧社会势力之间的冲突也日益增大。而阿保机权力的增强与财富的集揽让矛盾更加激化了。特别尖锐的是，阿保机身边的汉族谋臣又向他提建议根据中原帝王的规矩，建立代代相袭的专制权力，此更和契丹可汗3年一选、按照次序替代的旧习相违背，也被守旧势力所反对。如此，阿保机的弟弟剌葛即与叔伯兄弟寅底石、安图、迭剌等人，以及一样有着当选可汗资格之贵族，结为一党，进行叛乱。从这里可以看出，历史被叫做“诸弟之乱”的此次战乱，为早晚一定会发生的新旧势力之间的决斗。

一共发动了3次叛乱，前两次都是阿保机以妥协之法和平解决了。剌葛集团公元913年3月，先是周密地部署了一番，然后就开始发动倾尽全力的更大规模的叛乱。

那时候他们趁阿保机外出住于芦水，述律平在行宫(位于今内蒙古巴林左旗南波罗城)的机会，剌葛派迭剌、安图领着千骑兵马，诈说是要向阿保机进行朝拜，想要杀死阿保机，被阿保机及时发觉，随即就把他们扣押了起来。寅底石带领着另一支叛军往行宫杀来，且把辎重、庐帐都给烧毁了，把作为可汗象征的“旗鼓”及祖先的“神帐”也给夺了去。这时候的述律平临危不惧，极为冷静。她一边据险坚守，一边调兵遣将进行增援，又重新把旗鼓、神帐给夺了回来，完好地把行宫给保住了。阿保机令敌鲁、阿古只两兄弟带着心腹亲兵反击叛军，最后生擒了剌葛等人。后来阿保机释放了寅底石，但述律平害怕会打蛇不死反被咬，就赶上把他给杀死了。到这个时候，“诸弟之乱”才算是真正被平息。

虽然，阿保机、述律平已经击溃了他们所属的迭剌部落里的旧势力,然而在另外七部贵族里的反对派还是很有优势。阿保机在公元915年对黄头室韦部征讨回军的途中,7部酋长劫持了他,他们高举古老的旗帜,一定要阿保机下台,逼得阿保机焦头烂额最后只好答应自己不再当可汗。然后捧领自己的迭剌部与原来在战争里抓到的汉人,往炭山东南之滦河沿岸迁徙,建立起了一座和幽州的城郭、市廛、制度全部一样的城市。

其实,这倒给了阿保机一次以退为进的很好的机会。此处由于农业发达,还有着丰富的盐和铁,不但让俘虏来的汉人们能够喜欢这方土地安居乐业,并且关内地区的汉族百姓也纷纷为逃避战乱而来。这样就让阿保机不仅能够站牢了脚跟,而且经过较短时间的休养和生息,实力又重新强大起来。述律平极其敏锐地感觉到,此正是他们东山再起的绝好机会,她便和丈夫阿保机密谋了一条能够战胜敌人的好计策。阿保机按计策遣人向8部酋长捎信说:

"我们有盐池,你们全在吃我产的盐,可你们光晓得盐好吃,却不明白盐的主人是我,所以你们一定而且是必须要来犒劳我!"

8部酋长当然没有想到是计,就全拉着和好酒同时来他们这里进行犒劳。阿保机早于四周把刀斧手给埋伏好了,借他们正在酒酣耳热的时候,一齐呐喊杀了出来,8部酋长都惊呆了,没有多大的工夫,便全都被砍了脑袋。这样以来,旧势力就遭致了灭顶之灾,给阿保机正式建立奴隶制的国家清除了路障。

阿保机于公元916年2月,筑坛于龙化州(内蒙古奈曼旗八仙筒一带)东边的金铃冈,自立为帝,以"契丹"(后来太宗改作辽)为国号。且仿照汉族王朝的传统体制,建元神册,称自己为"大圣大明天皇帝",将述律平册封成"应天大明地皇后",于今内蒙古巴林左旗南波罗城开始营造首都之城(辽太宗时定名上京)。

就这样,契丹族的奴隶制国家真正诞生了。

挥刀断腕

耶律阿保机于神册元年,穿过沙漠向西对党项进行攻打,述律平留守在都城,室韦的黄头、臭泊二部趁此机会打进来,国中人心大乱。述律平运筹帷幄，将敌军杀得大败。自这以后，她威名大振，让诸夷再也不敢小觑。

辽朝建国之后，因为契丹八部的统一，疆土的开拓，外来的俘虏、难民与降附部落的增多，以及农业与工商业的发展，经济和军事实力都更为强大，以阿保机为首的契丹统治阶级更是大胆地对外进行扩张。述律平就于这一系列战争里或亲临阵地，或参与谋划，规划出了不少极为高明的策略。

盘踞江南的吴主于神册二年，遣使送予阿保机一部分猛火油，且道：

“在攻打城池的时候，如果点上这些油火焚烧楼橹，敌人越用水浇，那油越是烧得厉害。”

阿保机得到这些油之后，高兴之极，就想马上试用，便即刻调集3万兵马对幽州进行攻打。虽然述律平拥有兵权，还曾经领兵打过仗，然而她并不愿意用兵太过，使生灵涂炭。对于阿保机这一举动她淡淡言道：

“怎么能用油对人家的国家进行攻打呢？”

她又指着营帐前面的大树对阿保机说：

“此树如果没有皮的话会活吗？”

阿保机答道：

“当然不能活。”

述律平道：

“幽州有土也有民众，便像此大树既有皮也有叶似的。我们只要以3000骑兵向他们的四围进行骚扰，用不了多久，它一定就会极其的困敝被我们所取，为什么必须要用这样的猛火油硬攻硬取呢？如果不能取得胜利，那岂不让人笑掉大牙？这样我们的部落恐怕也会因此而自行瓦解。”

阿保机暗自思忖，觉得也在理，就暂时不打幽州了。

阿保机在神册七年，被盘踞定州(今河北定县)的义武节度使王处直儿子王郁的话语所迷惑，一心认为镇州(今河北的正定)“美女如云，金帛如山”，听不进述律平的劝说，想要攻取镇州等中原要镇。他领军打开了涿州(今河北涿县)，又把定州给包围了。第二年正月，中原的晋王李存勖亲自带领着5000铁骑将他打败，然后又于望都(今属河北)使他损兵折将。阿保机无奈之下只好往回退，不巧鹅毛大雪撕棉扯絮般地一连下了十数日，厚积深至几尺，阿保机的人马被冻饿而死的难以数计，极其的狼狈，极其的仓皇。

得到这个惨痛的教训，阿保机觉得汉地不容易取得，便听从了妻子述律平的建议，先去西平定突厥、吐谷浑、党项、诸部，这些都是没有多大实力而容易取得的地方。妻子述律平留守都城，以保证后方之安全。阿保机平定了西部以后，述律平又和阿保机一起勾过头来往东把渤海国给消灭了，将全部的辽东地区都给占领了，也给以后向南攻打消除了后顾之虑。

然而，不幸的是，阿保机在征服了渤海国的归途中，病亡在扶余城(今吉林农安)。此时正是天显元年的七月。这个时候，他们的儿子还很小，不能担当大事，一时让人担忧，也使人心不稳。述律平为了稳定大局，果断行事，第二天就临朝称制代行皇上权力，办理军国事务。

这个时候，一些大臣觉得自己了不起，便生夺权之意，述律平召集了他们的妻子，然后对她们道：

“我现在寡居，你们就应该跟我学！”

她又召集这些大臣们，问道：

“对于先皇你们想念吗？”

都大声回答说：

“怎么会不想念？我等受先皇大恩，一辈子也忘不了，难以报达！”

述律平突然厉声道：

“假如真想他，就当跟着他去地下。”

不等他们说一句话便一个个削了脑袋。

从此以后，只要她看哪一个不顺心，便一句话“可以替我去向先皇传话”，即会将那人带至先皇的墓前砍头。她的亲弟媳敌鲁的妻子，也不知怎么回事就被她削了脑袋。

于短短一年的时间当中，述律平先后用此借口杀死贵族百人之多。最后，轮到了汉族的大臣赵思温。赵思温原本为幽州军阀刘仁恭麾下之将，身有千斤之力，打仗勇猛异常，有一次和李存勖作战，眼睛之上中了一箭，自头至尾全成了血人，但还是不停地厮杀，以后投了阿保机，立战功很多次，阿保机很是赏识他，封他当了汉军都团练使。因为他究竟在中原官场上当过许多年官，除了勇猛之外，还很有些头脑。此刻，他也不愿意无故被杀，他想背水一战，要和述律平对对垒，就站于朝堂之上不愿就死。述律平问他道：

“你对先皇那么忠心，为什么还不赶紧去？”

赵思温言道：

“假如说对先皇忠心，有哪个能和太后您相比呢？假如太后能够先去，臣一定马上跟上！”

此话顿时将述律平给塞住了。在金殿之上当着满朝文武之面，述律平难以自驳以前杀人所使的这个花哨的借口。只好叹了口气言到：

“哀家并不是不想跟随先皇到地下，主要是由于孩子们太小，没人管理朝政，在这样多事的情况下，哀家怎么会有空去？”

言讫，很快地将自己的腰刀抽出来，只听“喀嚓”一声，就将自己那只活鲜鲜的右手给砍了下来，使人送之先皇的墓里。竟然没有再杀赵思温，以后也毅然断了随便杀人的念头。但是，为了表示对她那只右手的怀念，表彰自己义殉先皇之壮烈举动，她特意于上京修建了一座义节寺，寺里面修了个“断腕楼”，还立碑撰文来纪颂。

自此以后她就有了个“断腕太后”的雅号。

大臣耶律铎臻的爷爷蒲古只曾经救过先皇阿保机的命，铎臻从小也很有才能，聪明灵秀，阿保机把他安置在自己的身边，对他很是器重。可能他有点因功自傲吧，对述律平有点不敬，所以述律平也看着他很不顺眼，便把他戴上手铐脚镣，投进了大牢，还发誓道：

“等到铁锁朽烂的时候，才放了你！”

述律平主要是想磨磨他的性子，等过了一段时间后，又将他召回到朝廷，要委以重用。

铎臻却倔强地反问道：

“铁锁还没有朽烂，为什么放了我？”

述律平微微一笑，还是把他给放了。

险成大错

虽然，述律平文武具备，有着过人的才干，然而于儿子继承皇位的事上却没有处理好,差点造成内乱。

述律平与阿保机总共生有3位皇子。大皇子耶律倍(又叫图欲),二皇子耶律德光,三皇子耶律李胡。早于3位皇子少年的时候,阿保机便以一种很有趣的方式分别对他们的性格进行过测试,且很是正确地对他们的将来做出了预言。

那一年的深冬,非常地寒冷,阿保机命令3位皇子出去拾柴禾,以点火取暖。德光不论干湿,很快弄了一大堆,抱回到了帐里。图欲尽拾干的不捡湿的,然后捆扎好以后第二个回来。李胡很慢,所拾不多,丢的却是不少,最末一个回来将柴向地上一扔就缩头缩脑地去暖和了。阿保机冷静地观察着这一切,随后向妻子述律平言道:

“大子巧,二子诚,三子最为窝囊没本事。”

待3位皇子都长大成人以后,果不其然全应验了他们父皇对他们的预言。图欲非常好学,聪明灵透,晓得阴阳,明白音律,精通医药、针灸之术,会写契丹、汉语两种文章,还将《阴符经》翻译为契丹文。图欲还是个很好的画家,他所画的《射骑》、《猎雪骑》、《千鹿图》等作品以后流传至宋朝,宫廷视它们为珍宝。传说,他搜集收藏于医巫闾山绝顶望海楼的汉文图书有一万余卷,当中有一部分善本书,在那时候的中原都极为稀少和珍贵。他建议于自己的国家极力宣扬和发展儒家文化,甚至应当完全沿用汉法。虽然述律平对高度发达的汉族文化也极为仰慕,也对韩延徽等汉族知识分子很是器重,也很重视让儿子们学习汉语。然而总的而言,她对汉族文化的认识还颇为肤浅。她认为汉族文化当中例如农耕、城市建筑、工技、医术等,仅可以在保持契丹族原有的传统前提之下发挥作用,仅可以当做增强契丹的军事、经济实力的一种手段,但要取代契丹传统那是根本不可能的,她害怕不加以约束地汉化会让契丹人由剽悍勇猛变为懦弱而无用。有一天,阿保机向侍臣问道:

“真命天子,应该敬天祀神,自古只要有大功业者,朕全要向他祀奉,该将哪个置于首位呢?”

侍臣都说该先奉佛。阿保机晃晃头,道:

“佛并非我中国的教。”

这时候图欲道:

"大圣人孔子,是万世所敬仰之人,理应先奉孔圣人。"

阿保机大为兴奋,即刻下令为孔圣人建庙,让图欲年年春秋之季前往祭祀。但是,述律平对他们这一思想和做法大为不满,认为那是对儒术的迷信,认为全盘汉化等主张有违契丹民族传统。虽然图欲在儿子当中是老大,阿保机当皇帝以后迅速就将他立作储君,然而后来阿保机也可能觉着他有些不合适继承皇位。因此在他灭了渤海国之后,将原来的渤海国改名为东丹国,将国都叫做天福,让图欲去当东丹国的最高首脑,也就是当时册命的人皇王。还赐予他皇上的衣帽,以"甘露"作为年号,称制,东丹国里的所有事务全由着图欲的心愿用汉法来治理。其实,东丹国好似个独立的王国,图欲也就是那个王国的帝王。可能阿保机是想以此法来换回已经为大儿子所拥有的辽朝储君的身份。大概图欲也看破了父亲的这个意思,在东去就国的时候泪水涟涟。还没等阿保机腾出手来做更进一步的安排,阿保机便突然驾崩了。这样,在述律平眼里图欲就更不算什么了。

述律平真正喜爱的儿子是两个小的。二儿子德光骑马射箭的本领都是一流的,在政治上也很有点才能,在军事上更是成就颇多,于20岁刚出头的时候就当上了"天下兵马大元帅"。阿保机哪一次出征都带他在身边,进军平州,攻打胡逊奚,南占镇、定,西夺回鹘单于城,东定渤海,克达卢古部,所到之处皆无人能敌。实际上,于辽朝最高的统治集团里,老二德光已经手握军事大权,成为了只比阿保机和述律平稍微差一点点的极重要的人物。李胡长得极为壮实,然而没有任何头脑,脾气还很坏,性格残暴,总是有一点点不如意便对人发脾气,于人脸上黥面刻字,假如火气上来,就一定会将人活生生地扔进滚水或烈火里,甚至剥皮抽筋方会解气。所有的契丹贵族都因害怕他而不敢接近于他,总是怕一不小心把他给惹恼了,自己遭殃。但是由于他是最小的儿子,述律平却像喜欢老二德光似的对李胡溺爱,对他的残忍暴虐不仅向来没有稍作训诫,并且还在老二德光死了以后想将他扶上皇位。虽然图欲从东丹国归来为父皇阿保机奔丧的时候,已经完全明白述律平决定另立德光的真实想法,也自动向母后提出了"大元帅(德光)功德无量,英武神明,中外归心,应主社稷"的让贤请求,然而母后述律平还是要摆一摆公正无私的样子,沿用以往选汗的制度,以民主推举之形式,造出"人民的愿望,我怎敢违背"的局面,来达成自己所愿。就于耶律阿保机辞世的第二年十一月的一日，述律平召集贵族与百官，令大儿子图欲与二儿子德光皆骑马立于帐前,言道:"这两个全是我身上掉下的骨肉,我感觉着他们两个的才干都很了不起,分不出高低,此时就请众卿家来给国家选一位你们称心如意的皇帝吧。众卿家想要立哪个当皇帝,就请牵起哪个的马缰绳吧！"这些贵族与百官们心里都有数,全跑至老二德光之处,争抢着抓他的马缰。述律平又佯作毫无办法的样子,道:

"既然是众人的愿望,我哪敢不从？那就让德光当皇帝吧。"

于是便举行传统仪式——柴册礼。此为契丹皇帝登基的时候或者是登基之后例行的一种非常有戏剧性场面之典礼,它以许多极有象征意义的动作,来对古代契丹选举可汗的仪式进行模仿。

之后是德光从帐里走出来穿起皇上的衣帽,先祭祖宗,再拜先皇之神位,然后是大宴群臣,对群臣进行赏赐。耶律德光当了皇上之后,尊号为"嗣圣皇帝",是为辽太宗;述律平的尊号为"应天皇太后",仍然掌管军国大事。

老大图欲回至东丹国中,还当他的人皇王。他于宫里修建了书楼,成天埋头苦读,还写了一首《乐田园》的诗,以示自己心系田园,不想政治的超然。述律平与德光外表上虽然也表现出对图欲关心爱护的样子,然而,一分钟也没有松弛过对于图欲的防范。为了将图欲的实力削弱,于太宗德光当上皇帝的本年,也就是天显三年,他们趁着图欲居留在上京的机会,让他的宰相耶律羽之将东丹国的人民迁至东平(今辽宁辽阳),来使朝廷对他们加大控制。同时又为图欲增加了仪卫,说是保护,实际上是监视。太宗德光还屡屡前往东丹王府,察看哥哥图欲之情形。图欲自此以后更为郁郁寡欢了,情绪也非常的不好。

实事求是地说,站在契丹贵族奴隶制国家自身利益的立场上,述律平于阿保机驾崩之后使老二德光这样一个相当有能力的儿子继承皇位，颇多地维持了契丹族原有的民族传统，也推进了奴隶制的深层次发展。和图欲那样过分激进地要求全部皆向汉族学习实行封建化的主张相比,于那时候是有一定程度现实意义的。但是,当图欲这样忍让的情形之下，作为太后的述律平与弟弟德光还紧逼不放，这无异于令已经郁闷不得志的图欲内心雪上加霜；这也为将来埋下了悲剧的种子。

图欲在天显五年十一月，由于后唐明宗的招诱，最终愤然下定了投奔后唐的决心。将走的时候，他向人言道：

“孤王将国家让给了皇帝，他却总是怀疑我。现在孤王一点办法也没有，还不胜去往别国，来成吴泰伯之名。”

图欲于海上竖起了一块木牌子，上刻：

小山压大山，大山全无力。羞见故乡人，从此投外国。

图欲心里满怀着抑郁悲愤之情，带上夫人高氏以及一些儿女随从，拉着万卷图书，从海上乘舟南下，往中原的后唐躲难去了。但是，此究竟不是自己的土地，更不是长远之计。后唐明宗李嗣源虽然兑现了以前的相约之言，还用帝王之仪迎接于他，给了他很高级别的待遇，赐予他姓东丹，名慕华，以后又改赐姓李，名赞华，让他到怀化州去当节度使、去瑞真等州当观察使。但是好景不长的6年以后，后唐末帝李从珂却把他给杀害了，这年他38岁。

图欲这样的遭遇，让辽朝的广大臣民们心里很不好受，后来人们纷纷要立图欲的大儿子耶律阮当皇帝，即是于很大程度上受了此种感情的影响。

辽太宗耶律德当了皇帝之后，对于太后述律平极为尊崇。太后述律平还像先前一样掌管着军国大事，她直接督促着耶律德光对于辽朝的官制、军制等等实施了全方面的建设。于朝廷以“因俗而治”的原则，构成了南面官与北面官两个官僚系统。北面官对契丹与其他游牧民族进行管辖，清一色全只以契丹贵族来担任官吏，这为辽朝的至高权力机关；南面官按照唐朝的封建制度对汉族等农耕百姓进行管辖，主要是汉人担任官吏。自此以后，便形成了从奴隶制度往封建制度过渡的局面。这一制度的完善，也让辽朝内部政治秩序暂时稳定了下来，给深层的向外扩张铺平了道路。

担任后唐河东节度使的石敬瑭于公元936年，在晋阳(今山西太原)造反兵变，意欲篡取后唐的江山。由于害怕兵力不够，就上表往求辽朝，其条件就是将卢龙一带与雁门关以北地区割让于辽朝，并且无耻

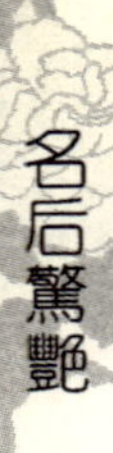

地称比自己年龄小9岁的辽太宗耶律德光作“父皇帝”。

对于石敬瑭的计划让早就想夺取中原的述律平及耶律德光大为兴奋，赶紧点齐了5万人马，由皇帝亲为带领，穿过雁门关南下，对石敬瑭实施支援，把唐将杨光远和张敬达杀得大败，然后把石敬瑭册封作“大晋皇帝”。

仅于短短4个月里，耶律德光便非常容易地从石敬瑭手上取得了位于今河北、山西北部以幽州和云州(今山西大同)很是著名的16州地区。

此16州山岳连亘，关隘错列，从来就是中原王朝为了防御北方少数民族骑兵之天然屏障。此16州一旦尽失，全部华北的藩篱也就都丢掉了，没有了门户。

儿皇帝石敬瑭为了对辽朝的扶立之恩进行报答，进贡给述律平、李胡等人的礼物很多很多，几乎把半壁江山都送给了辽。

后晋就这样成了辽国的附属国。此为辽朝开国以来最大最大的收获，进而也让契丹贵族更加野心勃勃觉得自己本事无穷，再也不将中原王朝放在眼里了。

令人所不齿的石敬瑭借出卖国家利益做了7年儿皇上，在会同五年死之后，他的侄儿石重贵登基当皇帝。此时的中原人民对于辽朝极为痛恨，便掀起了一次比一次浩大的反辽热潮。皇帝石重贵也不甘心再遭辽朝之凌辱，便向辽朝要求单进贡不称臣。正在兴头上的耶律德光怎能容忍？接连数载对晋兴兵，咬牙切齿地说：“不光要将后晋彻底灭掉，自己还要当他们的皇上！”

但是，耶律德光屡屡兴兵都被晋兵杀了回来，其中有一次还几乎被晋兵所俘。要不是他骑的骆驼跑得迅速，就被晋兵给逮住了。耶律德光便停下来总结经验和教训，又通过足够的准备工作，在会同九年八月，再次兴兵亲征。由于中原于连年战乱以后，老百姓的日子更加不堪了，也没人再为后晋的统治阶级卖命。这样便使耶律德光连战连克，后晋的兵将也望风而降。后晋皇帝石重贵于十二月，奉表投降，后晋就此被灭亡。

假如说，于这以前太后述律平对皇上耶律德光数次兴兵还曾经有过心神不定，还对皇上说过劝阻的话，此时此刻的她，便仅剩下极度兴奋，拍着脑门庆贺了。

第二年的正月，耶律德光攻克后晋的都城大梁(今河南开封)，穿戴上了汉族皇帝衣冠接受文武百官之朝贺，将国号改为“大辽”，年号为“大同”，意思是说天下已经实现了大同，他自己以后将在中原久远地当皇帝，当只有老子天下第一的蕃汉共主。他的母后述律平马上遣专使，带着上好的酒、果、食物千里迢迢赶至大梁对耶律德光进行贺赏。耶律德光手捧母后赏赐的好酒起身言道：

“母后赐的酒，儿臣不敢坐着喝。”

耶律德光手和群臣们立着喝得都很痛快。

大梁被契丹贵族攻占之后，珍宝、图书、仪仗、帛，尽皆被掠送上京。还对华北及中原人民进行了残酷的统治与洗掠。大梁周遭几百里内，财畜全没有了，也不再见人烟。辽又借着犒赏军士为名，对于诸城的居民钱帛大肆搜刮，不管是将相，还是庶民百姓都必须交纳钱财，设法敲诈勒索，搞得人民无法生存。辽统治阶级的此种野蛮、残暴掠夺的做法遭致了中原人民的激烈反抗。义军四处取州夺县，把辽朝遣来之官员处死，将大肆掠夺的契丹兵卒给予围歼。特别是大梁以东的义军最为凶猛异常，接连攻克了宋、亳、密 3 州，直接威胁着大梁；澶州王琼的起义也让辽太宗觉得心惊肉跳，想着再无回辽之归路。于大梁他住了还不到 3 个月，便惶惶地说天气炎热不服水土，借着回去看望母后为理由，赶紧向北撤走。在途中，他更为凶残地放纵兵卒进行杀和抢。实际上，耶律德光从大梁撤走的真正因由是他已感到自己好像身在熊熊大火里，一刻也无法坐卧，他曾经哀叹着道：

“朕实在不明白中原的人是这样的难以驯服！”

这样，辽太宗耶律德光还没来得及赶至辽国境内，便得了重疾，死于公元 947 年四月，在河北栾城县境内的杀胡林。

辽太宗耶律德光驾崩之后，一度隐匿于辽朝统治集团深层的矛盾又一次于皇位继承的事情上显露出来，多种政治势力都想出头，一场更为激烈的斗争像炸药一样，一不小心就会爆炸。

虽然太后述律平已经觉察出了事态的严竣性，然而，她还想着自己拥有无上的权势与强大的威慑力，认为只要还如辽太祖耶律阿保机驾崩的时候似的，依靠她的太后之身份，用不了多长时间，那些不安定的因素便会被压制下去，重新使人们胆战心惊地趴于她的脚下，将自己心爱的老三儿子李胡扶上马。她早在公元930年便让李胡当上了国家的兵马大元帅，自这以后还于多种场合下公开表示要将天下传予李胡的想法。假如说刚开始的时候她想立老三德光除了感情的原因以外，还有一层是她想充分地显示耶律德光的文武能为，为辽朝奴隶制国家的久远着想的正大理由；那么，此时她想将李胡立为皇上，就全部是因为感情偏爱的私心了，原因是耶律李胡于当了天下兵马大元帅以后，不但无创建过一丝功绩，反而却更为横冲直撞，欺上凌下，极其的暴虐。

但是，太后述律平却怎么也料想不到，恰恰是因为她临朝称制时候的凶残好杀，早已经让一大批贵族勋臣们不满与害怕，此次太宗耶律德光在境外暴亡，人们就更加害怕太后述律平会恼恨别人，让太祖阿保机驾崩以后的那些悲剧重演于自己身上。正确地说，其实述律平称制的时候残杀的那些人并非都是和她为敌的人，然而在这个时候，那些遭致杀身之人的兄弟和子孙与担心成为新一轮被杀者的贵族大臣，却真正站在了她的反对面，毅然成为了她的敌人。

那一年，在老大图欲投向后唐以后，他留于辽朝的大儿子耶律阮(又名兀欲)当上了永康王。在耶律德光南下消灭后晋的时候，耶律阮为了起回埋葬于中原的父亲的遗骸也跟着军队征战。

耶律德光在栾城县突然死亡，辽兵困乏不堪，导致群龙无首之局面。征战的将军们全都提出要于军中拥立耶律阮当皇帝。耶律阮犹疑不定，就和密友私下说这件事，密友相当支持他。就在这个时候，南院大王耶律吼与北院大王耶律洼也在谈论这件事：

“天下不能一天没有皇帝，假如请太后决定这件事，她肯定会让李胡当皇帝。但是李胡暴戾残忍成那个样子，如果他当了皇帝，对咱们都没有好处，最好是咱们就此把永康王立为皇帝。”

等耶律阮的密友来和两个大王商量，竟然意见完全一致。耶律吼与耶律洼就对将军们号令道：

“大行皇帝登天，神器失主，永康王是人皇王的嫡长子，人心所向，应该被拥为帝。如有不从的人，就以军法处置他！”

走到镇阳(今河北正定)的时候，耶律阮正式被拥为帝，是为辽世宗。

他的皇奶奶述律平获悉这件事之后，大为震惊，她根本想不到耶律阮会率先当上了皇帝，使她想让李胡嗣位当皇帝的美梦成为了泡影。她大为恼怒地说道：

“你的父亲弃哀家而去，奔向外国，就是大逆不道的人，你作为他的儿子怎能当皇帝！”

这样便让李胡带兵前去征讨，想以武力去把皇帝之位夺回。

可是此举不得人心，水已经泼出去了就再也收不回来了，除了属珊军旧部以外，哪个也不愿意支持她。

可笑李胡又没有一点本事，被侄子耶律阮打得丢盔卸甲，节节败退，耶律阮乘势挥军向北。李胡逃回上京，将随从耶律阮之贵族家属一律逮将起来，扬言说：

“如果我不能取得胜利，就先杀了他们！”

随后，述律平与李胡又组织了军队，开至潢河岸边的横渡，和耶律阮隔河相对。

述律平原想自己亲为出马，耶律阮的将士们一定会因害怕而服从倒戈，没想到这样对峙了3天，竟和她原想的大不一样。

她又想以往日的情分来打动他们，将败局挽回，可是她完全没有想到孙儿营中的将领，大多都是被她当年残杀的贵族子孙，一个个全说得她无话可讲。述律平再也没有办法了，沮丧地回至帐里。

如果不是耶律屋质出面两厢调停，一场残酷的厮杀就难以避免了。

耶律屋质，字敌辇，时任官职为惕隐。他很是有学问，且智谋多多，也很勇敢冷静，有泰山崩于前而不变色之能，并有着相当的政治才干。这时候他正随军于太后述律平的军中。

辽世宗耶律阮害怕屋质为他的皇奶述律平效力，对自己没有好处，遂给他写信，欲用反间之计，以皇奶述律平的手将他杀死。实际上，屋质正在苦苦地思索着怎样以和平的办法来解决冲突。述律平劫到信后疑惑不定，将信拿予屋质看，屋质则成竹在胸地言道：

“太后曾经极有力地辅佐太祖建国，因此臣才愿意誓死效忠太后。假如臣被太后怀疑，虽然臣想为太后尽忠，也尽不成。现在最好的办法，就是用和谈的办法解决，也许还能够成功；不然便就速战，分出胜败。假如迟疑不定，人心不稳，对国家不利，希望太后快速给予裁决。”

述律平道：

“假如哀家怀疑于你，怎么会拿信给你看信呢”

屋质道：

“李胡、永康王皆为太祖和太后的子孙，也无有将神器落于别人的手中，有什么不可以的呢？希望太后还是从长着想，和永康王讲和算啦。”

述律平很愿意讲和，便向屋质问道：

“可让谁前去讲和？”

屋质道：

“如果太后对臣不疑心，臣愿去。假如永康王愿意讲和，恰是国家之福。”

然后，屋质就拿着述律平愿意讲和的信前去说耶律阮。

对于皇祖母，耶律阮原就有怨气，让大臣回信的时候，措辞就有许多不敬之处。屋质道：

“皇上如此措辞，就是社稷之患。臣认为如果都能退一步放弃怨气来安国家，就是最好的。”

耶律阮自负地言道：

“他们那些兵将，怎会敌得过我？”

屋质便正颜道：

“虽然敌不过，那也为骨肉互残，何况胜败还很难说呢！纵然是皇上打胜，那么李胡扣押的人质就不会出一点问题吗？看来，最好还是讲和！”

耶律阮向他问道：

“怎么讲和？”

屋质回答说：

“皇上和太后见面，都放弃怨恨，并不难和好。如果这样不能议和，完全可以再战。”

耶律阮的大臣们闻听有关人质的问题，便很是惶恐。耶律阮只得说愿意讲和。

可以想见，述律平和耶律阮祖孙俩相见是什么样的情形，双方脸色是何等的难看。真是好一番的唇枪舌剑，都不肯相让一步。皇祖母述律平厉声对孙儿耶律阮斥道：

“你父亲背叛于哀家，往奔别国，也就是叛逆的人，难道可以让叛逆的儿子当皇帝吗？”

这句话一说出，耶律阮和他的大臣们全都争先恐后一致痛加驳斥，一下子把述律平的气焰给压了下去。述律平对耶律屋质埋怨道：

“卿当为我言语。”

屋质道：

“如果太后和大王能够放弃怨气，臣方敢言。”

述律平道：

“卿只管说吧。”

屋质问说：

“以前人皇王在，为什么却立了太宗？”

述律平回答说：

“此为太祖的遗旨。”

屋质又对着耶律阮发问道：

“大王为什么擅自当皇帝，为什么不向太后禀告？”

耶律阮回答说：

“应立人皇王而不立，因此不禀告。”

屋质见他们双方依旧各坚持自己的意见，就沉下脸来拂袖站起：

“人皇王弃父母的国家而奔向他国，当儿子的就应该这样吗？皇上和太后见了面，没有做一点逊谢，只是排泄怨气。太后有偏向之心，假借先皇遗命，以自己的所好立君。如此还能议和吗？你们双方快快打起来吧！”

述律平与耶律阮全为他感动了。述律平哭泣着说：

“太祖受诸弟之乱，天下遭害，疮痍未复，弃长立次，是哀家的过错，怎么能够让社稷再受动乱！”耶律阮也自责道：

“我的父王从来没有兴兵发过难，身为孙儿，又怎么能够再让国家和百姓遭致涂炭！”

于屋质的竭力调停之下，终于让一场战乱得以避免。

但是，述律平回至营帐，还是有点心神不定，又问屋质道：

“已经定下了和议，可皇帝之位到底应该传于哪个？”

屋质连忙回答说：

“假如太后传于永康王，完全顺应人天之意，还有什么迟疑不定的呢？”

耶律李胡在一边厉声喝道：

“有我在，小儿休想当皇上！”

屋质道：

“按照礼法应传嫡，而不传诸弟，以前立太宗的时候，已经遭致人们不同的议论，说什么的都有，况且你那么暴戾与残忍，很多人都怨恨你呢？如今的人们都已经是只说一句话，都希望永康王当皇帝，无法再行扭转了。”

述律平见说，也为了顾全大局避免分裂，只得哀叹着向心爱的小儿子李胡说道：“平时哀家和太祖对你的珍爱超过了你的哥哥们，俗话说的真的很正确：‘偏爱的儿子保不了业，难得之妇不能主家。’并非哀家不想让你当皇帝，主要是你自己太不争气啊！”

这样便达成了“横渡之约”，太后述律平对耶律阮的即位给予承认，皆罢兵同归上京。

述律平于辽穆宗应历三年六月，默然病亡，在世 75 岁，于祖陵安葬，谥号为“贞烈”。

杰出的皇后萧绰

名后小册子：萧绰（953年—1009年），名绰，小字燕燕，是辽景宗耶律贤的皇后，辽北院枢密使兼北府宰相萧思温的女儿，历史上叫她作“承天太后”，著名的女政治家、军事家。她曾经用皇后及皇太后之身份，在景宗时期与圣宗前期，整整于辽国的政治舞台上活跃了40年，对中国北部边疆的开发与北方民族的融合作出了巨大的贡献。

美好的婚姻

辽国建国之后，除了首位太后述律氏之外，哪一位皇上的后妃都为萧姓。可是，在辽国的历史当中我们一说到“萧太后”这三个字，便是特指她的。

萧太后出身于显贵家庭，她的父亲即为北府宰相萧思温，母亲为燕国的公主耶律吕不古。萧家与辽国的皇族从来通婚，也与汉贵族韩家从来通婚。萧太后从小便受到了极好的辽式教育，骑马、射箭、军事战术样样精通。

萧太后14岁的那一年，与比她大12岁的汉族男子韩德让私订了婚约。她对韩德让的稳重和儒雅极是喜爱，韩德让对她的活泼和智慧也极是喜爱。然而，他们的感情却没有能够取得长辈们的同意。于政治利益的权衡当中，萧太后的父亲将她嫁于了辽国后来的皇上耶律贤。那时候的辽国内部矛盾重重，萧太后和韩德让全清楚，他们个人的爱情一定要让路于政治。这样，萧太后进宫，韩德让也娶了汉族的一个女

子作妻。他们的初恋就这样告终。

萧太后入宫的时候,辽景宗还没有当上皇帝,凭借萧太后的父亲助他谋反方取得了大位,因此,萧太后在他的眼里一直非同一般。萧太后是个极为聪明之人,清楚到了宫里就只有一条道可行了,那就是当皇后、当太后。她天生丽质,行事又恰到好处,因此辽景宗对她极为喜爱,于是她便很快当上了皇后。

大局始定,内乱和外战还是接连不断,时间长了,身体本来就不好的辽景宗慢慢感觉到体力难以支持下去。于关键之时,除了自己心爱的皇后,他对什么人都不过分相信。而皇后萧燕燕也由于从小即受到政治和军事上的教育,以极快的速度便适应了朝中的全部事务,她很快成为了皇上唯一且得力的助手。她还极为明白事理,每遇大事,她都向皇上禀告、请教。后来,皇上直接下诏:皇后说的话,也可以称作“朕”。

耶律贤有 8 个孩子,当中 6 个都是他和萧太后生的。从这里可以看出他们俩是多么的恩爱。

辽景宗耶律贤于公元 982 年因病驾崩,那时候,他和皇后萧燕燕的大儿子只有 12 岁,窥视帝位的人不少。于此危机关头,萧太后召来了辽景宗临死前的顾命大臣韩德让与耶律斜轸。她牵着 12 岁儿子的手,流着眼泪向他们道:

“看我们孤儿寡母,如今又内乱外扰,让我们可如何是好呢?”

一位皇太后拉着小皇帝在臣子面前这样求助,什么样的臣子不誓死效命呢?再说她和韩德让还有过一段……

韩德让之爱

于历史当中,有不少很有地位的女人在丈夫死去以后,重新再找一个自己喜欢的男人过一生。

萧太后首先使自己的儿子和韩德让亲近,且让儿子像尊敬自己的父皇一样尊敬韩德让。

需清楚,这时候她的儿子虽小可已经是皇帝了,韩德让能得到这样荣光,真的是天底下很少见的。

不仅这样，萧太后还顶住了所有的压力和韩德让举行了结婚仪式，让韩德让拥有了正经的名分。

在与韩德让的相处里，她并没有只把韩德让看做臣下及情人，而是真正把他当成自己的丈夫。她对他既爱，又敬重。她与韩德让一起进一起出，一起吃饭，一起休息，并且两人共坐论事，共享朝臣的参拜。即便是接见外国的使臣，也是两人共坐，而年岁还小的皇上却要坐在他们两人的下边。小皇上对韩德让要行对父亲一样的礼节，韩德让患病的时候他还要亲自侍奉。

但是，萧太后还是觉得自己对韩德让做得不够。她将韩德让于小皇上面前的这一君臣名分也干脆抹去了，赐韩德让以皇族姓氏耶律，赐名为隆运，封为晋王隶属季父房。自此后，韩德让成了皇上的亲叔叔。

无论如何这都为太后下嫁，有些贵族议论或表示不敬总是难以避免的。可如果让萧太后知道了，她绝不客气。

历史上记载，由于涿州刺史耶律虎古对韩德让无礼，被韩德让当庭击死。萧太后从来执政严明，于大辽推行杀人偿命的制度，可这时的她把眼睛一闭，硬是装作没看见。还有一次更为厉害的是，在马球赛上大将胡里室把韩德让撞下马来，萧太后大为震怒，便把胡里室马上砍头示众。

自然，萧太后并非被情爱蒙了眼，说起来，这位韩德让也值得萧太后对他如此。不说韩德让极其优异的文韬武略，他这一辈子，从来就没有使萧太后失望过。不光在对外的战争当中和萧太后同心敌忾，设谋尽力，于对内事务的管理上也给了萧太后很大的帮助：开科举，擢汉官；除律令，消除番汉的不平等待遇；鼓励农桑，重视发展生产；重视法纪；983 年复国号“大契丹”……可以说，于韩德让的辅助下，辽国进入了全盛的时期。

在如今出土的辽国金银器皿上，人们看到了不少铭文，此为萧太后驾崩以后，臣民们对她的在天之灵的祝福。与她的名字连在一起的，便是臣民对于重病缠身的韩德让的祈祷。

大宋的进攻

对于萧太后和韩德让的关系，史学上有不少人皆站在汉族“三从四德”的观点上，对萧太后进行指责。实际上，那时候的契丹女人要比汉族女性开放得多，还无过多的礼制约束。就是萧太后于辽景宗驾崩以后，确实和韩德让结成夫妻，依照那时候契丹族的风俗也是行得通的。

在萧太后执政的时候，在中原已经崛起了北宋王朝，且要收复为后晋“儿皇帝”石敬瑭拱手相让于辽国的燕云十六州。宋太宗赵光义在公元979年御驾亲征，攻打辽国属地的幽州(今北京)城。萧太后令耶律斜轸与休哥带兵迎战，在高粱河(今北京外城)将宋朝军队打得稀里哗啦。赵光义身中两箭，从马上摔下来，然后坐着驴车逃回去了。

赵光义听说萧太后掌握朝政以后和韩德让的事，便哈哈大笑：“身为一国的太后却和臣下做出苟且之事，其国必乱！此时不灭他，更待何时！”

于是，赵光义便第二次御驾北讨。宋朝军队兵分三路：东路是大将曹彬当元帅，向幽州进攻；中路是田重进当元帅，从飞狐口(今河北涞源北)出来，向蔚州(今河北蔚县)进攻；西路是潘美、杨业当元帅，从雁门关(今山西代县)出来，打算向辽西京大同府(今山西大同)进攻。

战报传到辽都，萧太后亲自披挂上阵，指挥这场战争。她运用一个一个打破的方法，首先将由曹彬率领的东路宋朝军队打得大败；紧跟着又把田重进带领的中路宋朝军队打得稀里哗啦。宋朝皇帝赵光义见状，赶紧令进展顺利的西路军队撤退。

宋朝的潘、杨大军无奈退到朔州(今山西朔县)，萧太后让大将耶律斜轸迎击宋军。两国军队相遇，辽国军队刚一交战就假装打不过而逃，潘美不晓得是计，命杨业带兵追赶。哪知人家辽国军队早埋有伏兵，耶律斜轸又调头杀了回来，杨业难以抵挡，只好率兵退后。潘美也不顾他们的死活，自己先率兵撤走了。杨业独军大战，虽然英勇，然而在人家的重重包围圈当中，所带将士差不多尽皆战死。

杨业正在苦战，不料坐骑突然中箭，将他从马上掀落了下来，辽将萧挞览、耶律奚底等一齐上前擒住了杨业。

杨业被擒以后，绝食3日而亡。

“澶渊之盟”

萧太后和辽圣宗及韩德让于公元1004年，带领大军南征北宋。辽国大军所向披靡，一直向北宋的都城开封逼近。继位的宋真宗赵恒毫无父亲赵光义的英勇，慌慌忙忙想弃都而逃。

“不行！”

满朝大臣，唯有宰相寇准坚决主张宋真宗御驾亲征。

极为害怕的宋真宗差不多是被寇准“押”往澶州的。寇准让皇帝御驾亲征主要就是要鼓舞士气，这对前线将士的激励作用是极大的。

果不其然，宋朝兵将士气大振，萧太后的弟弟、辽国大将萧挞凛被一箭射死。

残阳似血，尸横遍野，指挥战斗的萧太后，看到这些，心里终于有了些凄然之意。就在这个时候，辽国内侍来报：

“报——报报告太后，大事不好了……”

原来是后院起火，部落叛乱。萧太后哪还有心在此作战？便马上答应了宋朝和平谈判。

这就是辽宋关系史上极为引人注目的“澶渊之盟”。

“澶渊之盟”规定：宋真宗叫萧太后作叔母，辽圣宗叫宋真宗作哥哥；北宋年年要向辽国进贡 10 万两白银，20 万匹绢绵；宋辽两国停兵罢战，保持现有的边界，各守疆域等等。“澶渊之盟”以后，宋辽两国在 120 多年当中再也没有发生过战事。

“澶渊之盟”是萧太后一生中的顶峰。导致了幽云十六州“合法”地归属了辽国。自此以后，收复幽云十六州就成了北宋永远也难以实现的梦想。

让权于儿皇

当所有障碍都荡除干净以后，政权比泰山还要稳固了，国势一步步强大了，于圣宗朝又苦心经营了 27 个年头的萧太后，才终于放心地将权力交到了她一手栽培起来的儿子——辽圣宗手里。

归政以后的萧太后，蓦然有一种巨大的失落感，一种别人无法体会到的苦闷像一团烟雾一样笼罩着她，让她原本就相当旺盛的生命一时丧失了活力。

这样，归政还不满 30 天，于南巡的路途当中，偶遇风寒，便把她那波澜壮阔充满传奇的一生给结束了。

她只活了 56 个年头。

又过了两载，她一生事业的追随者和对她在感情上忠心耿耿的韩德让也随她而去，圣宗将其葬在她的陵墓边，也算是为他们两人的爱情画上了圆满的句号。

身为一位女性，萧太后的一生无疑是成功和幸运的；身为一位母亲，她是贤良慈爱的、教子有方的；身为一国之主，她也是极有力量的铁腕统治者；而身为敌对的一方，她又是那样的好谋善断、英勇异常！应该说，她的一生是由许多种角色、许多种爱恨情仇演绎而来的一座傲然的山峰！

才女皇后萧观音

名后小册子：萧观音(1040 年—1075 年)，辽道宗耶律洪基皇后，小字观音，父亲的名字是萧惠，曾官至北府丞相。历史记载萧观音“姿容冠绝，工诗，善谈论，能自制歌词，特别是擅长琵琶的弹奏。”

才色双绝奇女子

“北方有佳人，绝世而独立。一顾倾人城，再顾倾人国”。中原地方文化虽然灿烂，有很多才女，然而北方辽国奇女子也不少。

当时辽国皇后能骑马射箭的实在有不少，但也出现过几个极有才华的女子。萧观音就是最为著名的一位。

辽国的姓萧的女子，都很喜欢观音，菩萨之类地对她乱叫一气。

对于萧观音，有一段很有传奇性的故事，说她清宁元年初当皇后的时候，忽然有一段白练，自天上飘落下来，其上写着“三十六”三字。她便问左右的随从们：

“此何征兆？”

其实，左右随从什么也不清楚，然而都有拍马屁的本领，专拣好的来讲，便道：

“此为上天令娘娘统领三十六宫的嫔妃之意。”

那时候，萧观音听了还很喜欢，却不知道这是预兆她 36 岁的时候一根白练自缢身死。当然，这是传说，皆为穿凿附会而已。

辽道宗耶律洪基剽悍粗野，最爱狩猎，总是率领后妃们一道游猎。

耶律洪基于清宁二年八月，在伏虎林附近狩猎，那时候令萧观音作首诗来助助兴，萧观音才思敏捷，随口便吟道：

威风万里压南邦，东去能翻鸭绿江。
灵怪大千俱破胆，那教猛虎不投降！

耶律洪基极为高兴，向在场的诸位大臣道：

“皇后可谓是女中的才子啊！”

次日，耶律洪基又出来射猎，猛然一只老虎出现了，耶律洪基道：

“朕决不辜负皇后的诗，一定要射死这只猛虎。”

果然只听“嗖！”的一声，那只老虎就被射倒了，诸位大臣们都急忙怕马屁山呼万岁。

辽道宗与萧皇后两人全是满脸春风，极为得意。

辽道宗耶律洪基曾经写了一首诗《君臣同志华夷同风诗》，萧观音那时候应和道：

虞廷开盛轨，王会合奇琛。
到处承天意，皆同捧日心。
文章通谷蠡，声教薄鸡林。
大寓看交泰，应知无古今。

足以见得萧观音皇后的写诗才华的确是非一般人可比的。

萧观音觉得唐太宗李世民的妃子徐惠极为贤惠，就也学着她的样子向皇帝耶律洪基进谏，然而辽道宗耶律洪基怎么能和唐太宗李世民的气度相比？只听了几句便非常不高兴了。

当时耶律洪基非常喜欢骑一匹被称为：“飞电”的马，此马是千里马，跑得也非常快。耶律洪基极喜爱纵马狂飚，他手下侍卫的马无论如何也跑不过它，因此耶律洪基总是骑着它一撒欢便跑进长白山原始森林当中不见踪影了。

萧观音害怕他会遇到危险，就对他好言相劝。

然而耶律洪基可能这时候就已经对萧观音不耐烦了，对她的关心自己的话，却很是厌恶，说她：

“你真是啰嗦！”

有胆识的萧观音

耶律洪基的叔叔耶律重元与他的儿子耶律涅鲁古在清宁九年叛乱。耶律重元的叛军绑架了皇太后、皇后及众多嫔妃和公主们，以要挟耶律洪基投降。

皇太后朗声道：

“陛下不要只想着老妇与妻儿，应奋力荡寇杀贼呀！”

几十名军士拨出长刀，架于众后妃颈之上。年轻的嫔妃门登时吓得哭爹叫娘。

耶律洪基见状，大怒，大喝一声：

“把哭喊的女人全都射死了！”

只听得“飕飕”声响，十余枝羽箭射了出去，哭叫呼喊的妃子纷纷中箭而亡。

萧观音叫道：

“陛下射得好！射得好！祖宗的基业，决不能毁在奸贼的手中。”

寂寞难当《回心院》

然而，天长日久，耶律洪基就对萧观音慢慢厌烦和冷淡了。

萧观音十分寂寞，就写了十首《回心院》词：

扫深殿，闭久金铺暗；游丝络网空作堆，积岁青苔厚阶面。扫深殿，待君宴。

拂象床，凭梦借高唐；敲坏半边知妾卧，恰当天处少辉光。拂象床，待君王。

换香枕，一半无云锦；为使秋来辗转多，更有双双泪痕渗。换香枕，待君寝。

铺翠被，羞杀鸳鸯对；犹忆当时叫合欢，而今独覆相思块。铺翠被，待君睡。

装绣帐，金钩未敢上；解除四角夜光珠，不教照见愁模样。装绣帐，待君眠。

叠锦茵，重重空自陈；只愿身当白玉体，不愿伊当薄命人。叠锦茵，待君临。

展瑶席，花笑三韩碧；笑妾新铺玉一床，从来妇欢不终夕。展瑶席，待君息。

剔银灯，须知一样明；偏使君王生彩晕，对妾故作青荧荧。剔银灯，待君行。

熱薰炉，能将孤闷苏；若道妾身多秽贱，自沾御香香彻肤。熱薰炉，待君娱。

张鸣筝，恰恰语娇鸯；一从弹作房中曲，常和窗前风雨声。张鸣筝，待君听。

此组诗通过扫深殿、拂象床、换香枕、装绣帐等样样动作，表达了她渴望夫君耶律洪基能够再次回心转意的心绪和寂寞寥落之意。

这样好的词句出自于辽国女子之手是多么的难得啊。然而，那耶律洪基并不是一个多情的书生，萧观音的这些优美动人的词句哪能打得动他？

元非啖沈水，生得满身

萧皇后这十首《回心院》没有现成词牌的词，曲牌是她本人创制的。

既然为词，那时候就应当是可以吟唱的，萧观音虽然也精通音律，可对音乐的创造能力还是颇为有限，她便召来了一个叫做赵惟一的宫廷乐师来给自己谱曲。

赵惟一是汉人，是一个年轻俊俏的后生。赵惟一费尽心思谱好了曲子，与皇后萧观音时不时地商量如何试奏，难耐寂寞的萧观音便对他有了好感。耶律乙辛在向皇帝告发萧皇后有“奸情”的“信”中言道：

于时皇后以御制《回心院》曲十首，付惟一入调。自辰至酉，调成，皇后向帘下目之，遂隔帘与惟一对弹。及昏，命烛，传命惟一去官服，著绿巾，金抹额，窄袖紫罗衫，珠带乌靴。皇后亦著紫金百凤衫，杏黄金缕裙。上戴百宝花簪，下穿红凤花靴，召惟一更放内帐，对弹琵琶。

萧皇后与赵惟一合作谱曲，“自辰至酉”，亦即是说自早上8点多钟，一直到晚上7点钟，方才谱成。谱成以后两人又合作弹奏。至黄昏时分点上蜡烛，又令赵惟一更换了便装，把帐子放下，在里边继续弹奏琵琶。待之吃晚饭之时，又与赵惟一一起饮酒。常言道酒为色之媒，据说萧观音心满意足以后，赐予赵惟一“金帛一箧”，后来赵惟一酒醒了，很是害怕，等萧皇后再次召他进去的时候，他说什么也不敢进去了。

正当萧观音情意正浓的时候，便作了《十香词》赠予赵惟一：

十香词

青丝七尺长，挽出内家装；不知眠枕上，倍觉绿云香。（发香）
红绡一幅强，轻阑白玉光。试开胸探取，尤比颤酥香。（乳香）
芙蓉失新艳，莲花落故妆；两般总堪比，可似粉腮香。（腮香）
蝤蛴那足并，长须学凤凰；昨宵欢臂上，应惹颈边香。（颈香）
和羹好滋味，送语出宫商；定知郎口内，含有暖甘香。（吐气香）
非关兼酒气，不是口脂芳；却疑花解语，风送过来香。（口脂香）
既摘上林蕊，还亲御苑桑；归来便携手，纤纤春笋香。（玉手香）
凤靴抛合缝，罗袜卸轻霜；谁将暖白玉，雕出软钩香。（金莲香）
解带色已颤，触手心愈忙；那识罗裙内，消魂别有香。（裙内香）
咳唾千花酿，肌肤百和装。元非啖沈水，生得满身香。（满身香）

这《十香词》于艺术手法上也可谓极出色的，写得让人神魂摇荡，特别是那首“裙内香”，更是令天下男子满脸发热。

被称为女中之尧舜的皇后高氏

名后小册子：高氏(1032年—1093年)，小名滔滔，宋英宗赵曙的皇后，亳州蒙城(今属安徽)人。父亲名高遵甫，官至北作坊使，母亲是仁宗慈圣光献曹皇后的同胞妹妹。英宗赵曙登基之后没多长时间，也册封高氏为皇后，谥号"宣仁圣烈"。她历经英宗、神宗、哲宗三朝。哲宗登基之后她用太皇太后之身份垂帘听政。于个人品德方面，她约束本家、严守妇德，还朴实谦虚，被世人尊称"女中尧舜"。

两小无猜 步步升级

高氏的曾祖父为宋太宗赵光义时候凭借武功起家官封忠武军节度使的高琼。她的爷爷是高继勋，对朝廷也有功，官至节度使。她的父亲高遵甫是北作坊使，她母亲的外公是战功卓著的开国元勋曹彬，母亲的亲妹妹即为仁宗慈圣光献曹皇后。曹皇后对于这个小外甥女极为疼爱，在她3岁的时候就将她接入宫中，带于身边。由于宋仁宗赵祯无子，也将3岁的侄子赵宗实养至宫中。英宗和高氏年龄相同，总是在一起玩耍，两小无猜，一刻也不肯相离，好得就像一母同胞似的，宫里的人全习惯地把宗实称作官家儿，把滔滔称作皇后女。

宋仁宗和曹皇后也都对这两个孩子极为喜爱。宋仁宗每当看见他们俩在一起快乐地玩耍，便逗着宗实道：

"你长大之后娶滔滔作媳妇怎样？"

英宗与高氏于宫里生活了五六年之后，又分别回到了各自的父母那里。眨眼十年过去了，仁宗想起他们小时候的样子，有一天就和曹皇后道：

“我们老来却没有皇子，以前收养的十三（赵宗实是濮安懿王赵允让之第 13 子）和滔滔，全已经到了婚龄，孤为十三、卿为滔滔做主，使他们成两口吧！”

就这样，由皇上、皇后做主，高氏于庆历七年初，嫁进了濮王府，被封作京兆郡君，宫里的人都把这件事赞赏为“天子娶儿媳，皇后嫁闺女”，真是美好姻缘！夫妻俩情投意合，相亲相爱，感情比孩童的时候更进一层。

第二年的四月，他们生了太子赵顼。之后的十几年当中，至英宗当皇帝的时候，他们已经有 4 个儿子：赵顼、赵颢、赵颜、赵頵，还有一个女儿。

英宗于嘉祐八年四月初一登基，高氏于二十五日正式当了皇后。四年以后，太子赵顼当了神宗皇帝，她又被尊为皇太后。

遵循朝规　女中尧舜

不管是高氏在当皇后、皇太后，还是在垂帘听政、大权独揽的时候，从始到终在对待个人名利以及高氏家族的地位上都极为谦虚，且对于宫里的礼仪和规矩都极为遵守。

在高氏当上皇后以前，她的弟弟高士林于宫里当内殿崇班已经好长时间了。虽然士林是武官，可是他却很是喜欢儒学，对于经史大量地阅读。也很是聪明智慧，做事有章有法。英宗觉得他很有才华，且是爱妻的弟弟，当皇帝之后屡屡对他要加以提拔。但高皇后每次都拦了下来，道：

“士林能在宫里当官已经是很不错了，难道我们还要比先朝的皇后特殊吗？”

在姐姐的阻拦下，弟弟一直未曾得到过皇帝的提拔。到高士林死了以后，宋英宗才将他追赠为德州刺史。

有一年灯节，身为太后的高氏与她的外戚们一起登上宣德楼观赏彩灯，赵顼屡屡遣人向她提建议：

“对外戚们此时应当推恩赏赐。怎么推恩赏赐，请太后定夺。”

高太后随口答说：

“哀家明白怎样处理。”

次日，赵顼问她：

“应当怎样办？”

高氏道：

“各赐一匹绢于年龄大的；乳糖狮子分给年龄小的，一人两个。”

这实在是算不上什么赏赐的赏赐。高氏身为皇太后，对待自己家族之人的赏赐竟这样微薄，这于宋朝后妃里是极其罕见的。

赵顼当了皇帝之后，屡屡要给高家的人营设一处规模大的府邸，但是高氏一直不允，很长时间以后，方勉强同意赵顼赐给高家春门外的一块空地作宅基。依照规定，太后的家里营造新居全部的费用，全能够由大农寺公款里领支，可是高太后却坚定地只使用自己日常生活中节俭下来的私房钱来建房子，根本不让去领取大农寺的一文钱。

高遵裕是高氏之亲伯父，打英宗的时候开始就一直于西北边疆和西夏进行战斗，曾由于打了几次胜仗，被封为庆州的知州。神宗赵顼于元丰四年，令宦官李宪作统帅对西夏国发动了五路大进攻，此次规模之大是前所未有的。高遵裕带领一路人马对灵州进行攻打，但是在快要取得胜利的关键时候，高遵裕怕别人独享战功而下令暂时停止进攻，致使贻误了战机，反让敌人赢得了决开黄河大堤水淹宋军的时间，造成此次战争的全盘失败。他带领的8.7万将士，仅余1.3万人，其他诸路人马被水淹之后也狼狈不堪，损兵折将败了回来。高遵裕受到处分，被贬到郢州去当团练副使。到了高氏垂帘听政的时候，蔡确为了向高氏讨好，提议对高遵裕的官职进行恢复，高氏极为严肃地说：

“遵裕在灵武之战中，因私心作祟，犯了极其严重的错误，致使百万生灵涂炭。先帝于深夜获悉战报，着急得再也无法躺在龙榻之上，只在下边踱步，直到天亮也不曾眨一眼，在精神上遭到了极大的刺激，致使最后病故。遵裕犯下了这样大的罪还没有将他处死，就够便宜他了。难道先帝刚刚驾崩未久，哀家就只顾私义而忘却天理？”

吓得蔡确连连后退，再也不敢提一个字了。

对待高家的其他亲戚，即便是自己的生身母亲，高氏也一样不会谈私恩。有一年，还是元宵节，举办观灯筵宴，高氏的母亲曹氏依照朝廷

制度能够进宫参加,可高后说:

"假如母亲来看灯,皇上一定会对她恭敬得不得了,如此便会由于哀家的原因愈犯典制,让哀家心里过意不去。"

仅让人送几盏宫灯去给母亲,敬请她老人家于自己的家中看灯。从此之后,这便成了惯例,每年这个时候都请母亲在家里观灯。

高氏的两个侄子高公绘、高公纪当了许多年的小官,依据官制能够提升作观察使,然而高氏也总是谦让,力阻不允。最后经赵煦屡次请求,高氏才允许给他们提一级。但是之后于高氏全部垂帘的过程里,再也不曾提过。

高氏对于她自身也同样很是谦虚和俭朴。有一次举人殿试,有关部门根据章献明肃刘皇后天圣年间之章程,奉请赵煦与高氏一起到殿上对举人们进行考试,但高太后不同意这种作法。她说殿试系国家对于人才录用的至高规格,被考中的人便是皇上的学生,此为皇上之专权,谁人都不没权和皇上同享。后来,大臣们又向高氏请求为她于文德殿举办册封太皇太后的大典,高氏也自谦道:

"文德殿为皇上的正殿,哪能是哀家这等身份的人临御的?哀家仅于一偏殿举行就行了。"

对于文思院年年向皇上进贡的御用物件,不管大小,她也谨守规矩,从来不贪用一件。

至于宫里的太监、宫娥,也被高后控制得严格之极,绝对不允许他们对政治进行干预。在她刚刚垂帘听政的时候,赵顼的乳母受人之托向高后为由于没有善行而被赶出宫去的宦官宋用臣等人说情,意欲重被任用。高氏对那位乳母严厉道:

"你究竟是想干什么?难道要为宋用臣等无善行的人讲清吗?你也要请求皇帝为你降诏干扰国家政治吗?你听仔细了,假如哀家发现你再有此想法,哀家便要砍你的头!"

骇得乳母发抖,诺诺而退,灰溜溜地出宫去了。

因为高氏具有了以上这些美德,因此使很多的人对她极为推崇,称她为"女中之尧舜"。

高后于元祐八年九月因病辞世,活了 61 岁。第二年的二月,在永厚陵安葬。谥号"宣仁圣烈"。

胜如男子的皇后梁氏

名后小册子：梁氏（?年—1085年），夏毅宗谅祚皇后。谅祚仅活了21岁，秉常于乾道元年正月继位，那时候他才8岁，其母梁皇后被尊为恭肃章宪皇太后，垂帘摄政。

谅祚亲政以后，封梁氏当皇后。谅祚于宋英宗治平四年十二月，起兵攻打宋朝，宋朝将校用强弩将他射中，不久便死了。他的儿子秉常继位登基，是为惠宗。那时候他才8岁，梁氏便用皇太后的身份摄政，任命自己的弟弟梁乙埋作宰相。西夏王朝又一次出现了外戚专权的局面。

梁太后掌握朝政大权以后，西夏国里发生了强烈的争斗。虽然梁太后已经被党项的习俗和观念同化，但毕竟还是汉人，无根无基，不容易赢取西夏皇族的支持。梁氏为了加强自己的地位，只要是近臣和重要的职位，全部用自己的亲属来担任，于朝廷里边很快形成了以梁太后与梁乙埋为首的外戚集团。浪遇请是元昊的弟弟，对军事极为熟悉，曾经当过都统军，参与国政，也为梁太后所罢免，郁郁而亡。为了获取支持，梁氏一边提出在国内恢复党项礼仪，一边又屡屡侵扰宋朝的边境。

谅祚死了之后，宋神宗册封秉常当夏国国王，后来又颁赐诏书。虽然梁太后得到了宋朝皇帝的赐诏，然而她仍然坚持要以手里的塞门、安远二砦来交换已经被宋朝皇帝侵吞的绥州，宋朝皇帝断然拒绝了这个要求。

梁太后于乾道二年三月，遣兵打进秦州，把刘沟堡给攻陷了，几千宋朝将士被斩杀。

那时候，宋神宗初当皇帝，正年轻气健，为了向夏国报复，便命令严禁宋朝的边民和夏民私市贸易。没有多长时间，西夏国就货用甚是缺乏，梁氏又引兵向庆州攻打，大肆掠夺宋朝的人口。梁乙埋带着亲兵向顺安、绥平、黑水等砦(均在今陕西绥德境内)进攻，接着绥德城又被他们围攻十多天。宋朝绥州镇抚使郭逵于定仙山燃放烟火，虚张声势，方将夏军吓跑了。

梁太后在天赐礼盛国庆元年八月，调集西夏国的所有兵力，数路大军齐出并进，向环、庆等州进发，有的号称30万，有的号称20万，一直打到庆州城下，斩杀了宋朝的庆州守将。

梁乙埋于天赐礼盛国庆二年一月下令，在绥德北筑罗兀城(今陕西米脂县北)来拒守横山军事要地，2万宋朝军队出无定河，从绥德向罗兀城攻打，梁太后埋伏截击，宋朝军队被打败。后来宋朝军队增兵添将打下罗兀城，筑城以拒守，梁太后借得30万辽兵，西夏国兵将士气大振，于二月打下了宋朝军队刚刚建起来的各堡。宋神宗连忙下令撤兵，西夏国不战而胜，又夺回了罗兀城。五月，与宋朝和谈。九月，梁氏又遣人想要回绥州，宋朝不给，直到两国商定以绥德城外20里作界，宋夏战争方告一段落。

然而再一次的交锋又在秘密的准备当中了。

绥州界定之后，梁太后运用汉人学士景洵的计策，想要夺取吐蕃侵占的西夏往西发展的要冲武胜城。而此时的宋朝也要争夺武胜来对西夏进行扼制。梁乙埋于天赐礼盛国庆四年，遣兵攻破武胜城。但就在这个时候宋朝大军来到，夏兵急忙应战，被宋军打败而逃，宋军占领了武胜城。

第二年，宋朝军队又将河州给攻下。河州为吐蕃首领木征之居处，木征早已向西夏降附，被打败之后骑着马急忙奔向兴庆府，向梁太后请求调兵派将。梁乙埋调7000兵前去增援，也被打败。到这个时候，夏国的西边屏藩全部失掉了，国内人心惶惶，很是混乱。

大安二年，惠宗李秉常已经有16岁了，便亲临朝政，然而实际大权依旧被梁太后所掌握。

惠宗于大安六年一月，在皇族的支持下又颁令对汉礼进行恢复。然而惠宗手里没有实权，因此没有能够实行。他对毅宗时候推行的汉礼很是仰慕，便和宋朝交好，虽然处在梁氏的高压下面，心内不快，可毅然坚持。

夏惠宗秉常身边有一名将军叫李清，原来是秦(今陕西)人，因事逃在西夏。夏惠宗秉常喜欢中原的礼仪文化，便和李清关系密切。李清建议秉常把黄河往南的不毛之地还给宋朝，用河作界，使两国相处友好，也便于凭借宋朝的势力来对梁太后的势力进行削弱。秉常采纳了此建议，且要遣李清出使宋朝。梁太后对此事很是愤怒，便马上用计捕杀了李清。然后又将夏惠宗囚至距后宫五里上下的木寨，并砍毁河梁，让他和世人隔绝。

囚禁小皇帝的消息传出去以后，朝野公愤异常。

酋长们各摔自己的部众，坚守堡寨，对抗梁太后。宰相梁乙埋以银牌到各方去诏谕，也没有人能够听从他的，国家的大乱一触即发。保泰统军藏花麻五对宋朝表示举族愿作内应，请求朝廷出兵征讨。宋朝皇帝神宗认为，兴兵问罪的大好时机已经来了，即下令征讨。

神宗于六月用五路大军一共50万兵，分头并进，想要一次荡扫灭西夏。梁氏闻报宋朝军队发起大规模的进攻，急忙派各监军司兵委大帅梁永能带兵迎战。

宋朝的五路大军向西夏远征，声势浩大，夏军连连败退。

梁氏内心慌乱，赶紧召开御前会议，商量怎么办。年轻少壮的将领们纷纷建议整军再次出战，却有一名老将军坚决反对主动迎战。

他说道：

“太后，我观敌情，我们应该坚壁清野，诱敌深入，于兴灵一带结集大军，另用轻兵去抄宋军的后路，断他们的粮运，宋朝军没粮即会不战自退。”

梁太后说：

“老将军言之有理，就按老将军的计策去办！”

梁太后果断地派遣国内10万精兵良将，于西夏核心地区兴州、灵州一带进行重点防守。

没有过多长时间，战局便有了很大的转变。

宋朝军队在十一月间直逼灵州(今宁夏灵武)城下，就快要将城门打开了。夏军一边坚持守城，一边遣出轻骑军队去断绝宋军的粮道。宋军粮饷供应不上，饥饿难当。梁氏又挖开黄河的七级渠，用水去淹没宋军大营，宋军毫无准备，被淹死者不计其数。那时候正是隆冬季节，即使凫水逃走的人也耐不了饥饿寒冷，大半死掉，少半败逃。夏军紧跟在后边猛打，宋朝军队大大地失败了，10 万大军仅余 1 万 3 千来人。其余诸路大军也因为路上下大雪，士兵又吃不上饭，死有一万多人。这样便不敢再打下去了，只好班师回京。

宋朝军队五路伐夏，损失极其严重，光兵员就损失 40 多万人，夏国军队取得了完全的胜利。

俗话说："杀人一万，自损三千。"西夏国经历了此次残酷的战争，元气也损伤得极其厉害。梁氏执行坚壁清野，前方空虚，让宋朝军队很顺利地占据了许多城池和不少地盘，经济方面也遭到了前所未有的破坏，沿边的肥沃土地也由于战线的内移而没有办法耕种。百姓搬来搬去，牛羊财产很多都丢失了。

对于五路大军攻夏的惨重失败，宋神宗一直念念不忘。

熙河统帅李宪于第二年四月奏请神宗再次征讨西夏，朝中的大臣们议论不休。这个时候，沈括谏言道：

"陛下，我朝应该横山筑城，取建之形势，从高处看着西夏，让西夏没有胆量正眼看朝廷！"

宋神宗采纳了这个建议，要乘此机会再次兴兵，遣给事中徐禧前去考察建城的地点，遂择中了永乐。永乐为西夏的必争要冲。刚刚建毕城池，梁氏便点聚了 30 万大军对永乐城攻打。

两军在永乐城下碰上，夏军威武之极。

宋朝军队隔河对阵，兵卒心里胆怯。

在永乐的城下，沃野一片，夏国军队使铁骑渡河后横冲直闯，就像到了没有人的地方一样。宋朝军队心里很是害怕，扭头便逃，7 万大军一击便败，退回城内，紧闭城门坚守不出。西夏军队将永乐城重重包围，又将水源给断绝了，粮运给抹断了，极力攻打。城内的宋朝军队断水，大半渴死，没有多长时间便攻破了城池。城内主将也都战死了，几百名将校身死，士卒、役夫死的人数就有 20 来万。惠宗秉宫当下国皇帝以后，夏宋战争不断，宋朝仅得葭芦、吴堡、义合、米脂、浮图、塞门六座城池，然而，兵士伤亡只灵州、永乐之战就有 60 多万，损失钱谷银绢更是多得数不过来。

夏国的两次大获全胜，极大程度地挫败了宋朝君臣的霸气，自此以后宋神宗不再总是想着征讨夏国了。

虽然这样，太后梁氏还是不甘心，又命自己的夏国军队50万重重包围了兰州城，守将王文郁带领700名军士缒城夜袭夏军，方把夏军给吓跑了。

自从梁太后把儿子囚禁以后，连年和宋朝军队发生战争，当然没有了宋朝对他们的"岁赐"，又由于打仗，也不再进行边境贸易——"和市"，国库财用极其困乏，物价飞涨。大量的良田都变成了无人耕种的荒野，使百姓们过不下去，对于夏国朝廷很是不满。在不得已的情况下，梁氏和梁乙埋商量，在大安六年夏又将儿子秉常扶到了前台。

虽然惠宗秉常重新出来执掌朝政，但国政大权依旧由梁太后和其弟梁乙埋把持。她一边让人向宋朝皇帝上表称臣进贡，请求"欢好如初"，以便再次获得宋朝的"岁赐"，一边又借夏国被占领的土地作理由，接连命令前方的将领向宋朝施行攻掠和骚扰。由于党项族本来就崇尚武风，梁太后常常是亲自派兵用将，在沙场上驰骋。她重用梁乙埋和自己的宠幸之臣。梁氏先是把自己弟弟梁乙埋的女儿娶作儿媳妇，当上了惠宗李秉常的皇后，来延续梁氏家族对西夏王朝的统治。为了这样的目的，国舅梁乙埋在大安十一年二月死了以后，梁氏又将梁乙埋的儿子梁乞逋扶上了国相位置。

但是刚过数月，梁氏便驾崩了，也完结了她差不多长达18年的干政生涯。

贤淑端庄的皇后茶碧

名后小册子：茶碧（?年—1281年），蒙古弘吉剌部人，父亲名叫按陈，官封济宁忠武王。中统初年，茶碧被元始祖忽必烈封为皇后。谥“昭睿顺圣皇后”。她美丽贤淑，端庄大方，还对军国大事十分精通。于政治上，她用敏捷而锐利的目光、灵活的手段辅佐忽必烈称帝，兴邦治国；在生活上，她克勤克俭，以身作则，她的“煮旧弦织布，拼碎布制毯”成为美谈。后世的皇后都将她尊崇为楷模。

胆略过人

弘吉剌茶碧出生的时候，蒙古族正是东伐西讨、到处打仗的时候，茶碧身处其间，渐渐养成了镇定、外柔内刚的个性。长大后被藩王忽必烈娶为王妃。

忽必烈是一代天骄成吉思汗之孙，睿宗皇帝托雷的四子。他胸有大志，极有胆略。成吉思汗活着之时，就总是夸他，说他以后必然会很有作为。忽必烈长大之后，很能打仗、勇谋过人，哥哥宪宗皇帝对他很是倚重。忽必烈于公元1253年奉诏在金莲川（今河北沽源县北）创建了一个汉儒幕僚集团。忽必烈这时候虽然还只是个藩王，但胸中已经有一统天下、雄踞八荒的强烈志向。

忽必烈的观念在汉族地主的影响下，已经开始有了颇为深刻之变化，逐渐摆脱了蒙古旧贵族的思想藩篱。他意识到要在发达的中原地区扎下脚跟，必须采取汉法治理汉地，方可以巩固对汉族地区的统治。他改变了奴隶制式的掠夺策略，严禁官兵对老百姓的侵扰，严禁将田地变成牧场，严禁纵畜桑稼，让官员“劝诱百姓，开垦田土，种植桑枣，不得擅兴不急之役，妨夺农时”。同时他也采用汉族的一整套行政系统，来对中原地区进行管理。忽必烈不光自己努力学习汉族的文化和历史，还用此对勋戚子弟进行教育，试图对蒙古族落后的政治文化进行提高。身为忽必烈妃子的弘吉剌茶碧在如此的大环境下，也逐渐对汉族文化历史和政治制度产生了极为强烈的兴趣，且受其影响很深。

中原地区汉族地主阶级极为拥护忽必烈这一系列的变革，都称他“爱民”“好贤”，把他当做可以对他们利益和文化传统进行保护和维护的新君王，进而热心地帮助他巩固在中原地区的统治，使忽必烈的势力取得了很快的发展。可一些坚持遵循蒙古原有生产方式的旧贵族对于这些事极为看不惯，在自诩为“遵祖宗之法，不蹈袭他国所为”的宪宗面前说忽必烈的坏话，说忽必烈妄想独霸中原。蒙哥也开始怀疑忽必烈，他让亲王阿兰达儿、刘大平等人前去追究查办，且于关中设立钩考局，很大程度地给忽必烈罗织罪名，对忽必烈的属下狠加迫害。于此万分危急之时，茶碧对于个人的安危全然不顾，劝说忽必烈，毅然带着女儿前去汉廷当人质，来说明忽必烈没有任何不臣之心。然后，忽必烈又亲自去觐见宪宗皇帝，见面后兄弟俩全痛哭流涕，宪宗皇帝猜疑之心完全消除了。

就这样，茶碧用自己过人的胆略，使忽必烈避免了一场杀身大祸。

果断机智

茶碧利用自己的特殊地位运用机智灵活的手段，为忽必烈在蒙古汉廷争夺汗位的斗争当中能够当上大汗，立下了汗马功劳。

忽必烈于公元 1059 年跟着宪宗攻打宋朝。忽必烈此时与蒙古旧贵族的矛盾已经到了白热化的程度。为了对漠北事态的发展随时进行关注，忽必烈把茶碧与 17 岁的真金留于北方，来便于快速获悉时局之变。

蒙哥于公元 1259 年 7 月，在合州战死。到这个时候，那根维系新旧贵族当中的纽带断裂了，新旧贵族间为了争夺汗位拉开了战幕。忽必烈的弟弟、旧贵族势力的代表阿里不哥，想凭借留守和林守产的政治优势，很快地夺取汗位。此时，领兵南征的忽必烈正包围了南宋的重要城市鄂州。在他听说宪宗皇帝驾崩的消息之时，幕僚们一致劝他马上班师回去，说：

"如今宋朝像怕大老虎一样怕我们，对我们不会构成威胁。但是，我们却的后院却起火了，危险之极，别有用心的人已经妄图夺取汗位，假如不立刻班师早作打算，那是对我们极为不利的。"

对于这个，忽必烈却没有表态，而实际上他的心里早已十万火急，他只是在等待着茶碧送来的可靠消息。

这个时候，留于北方的茶碧也闻到了蒙古贵族之间极强的血腥味，她在获悉阿里不哥派的羽翼阿兰达儿正在四处扩兵的消息，便预感到内战立时就要发生。如此，灵活的察碧一边用自己妃子的身份使人公开指责阿兰达儿的用心不良，来扰乱他们的心神；同时又暗地里让心腹脱欢与爱莫尔悄悄赶赴鄂州，向忽必烈报告阿里不哥的动向，让他赶紧班师。

忽必烈承接大汗旧制，宣布登上皇帝之位。

而一个月之后，阿里不哥也于和林西的安坦河召开忽里台，自称为大汗。

这样，忽必烈与阿里不哥之间展开了你死我活的战斗。4个年头之后，阿里不哥被忽必烈打败，这场新旧贵族的斗争就此结束。

忽必烈的胜利使蒙古重新又获得了统一与稳定，给以后元朝的建立及巩固打下了坚实的基础。比之阿里不哥，忽必烈是一位精明而又进步的皇帝，面对历史的急剧变化能够快速地适应形势，实施一些符合历史潮流的策略。所以，忽必烈的胜利具有积极意义。

察碧于此次争夺汗位的斗争当中起到了至关重要的作用。正是由于上述种种原因，中统初年，茶碧当上了皇后。

忧国忧民

忽必烈把宋朝灭了之后，在金殿之上大宴群臣，论功行赏。所有的大臣们都山呼万岁，一个一个高兴得不得了。可是茶碧皇后却默默地坐于忽必烈的身旁一脸愁色。忽必烈见状便问她：

“如今宋朝已经灭亡，以后我们可以安享富贵了，朕和臣子们都那么高兴，你却为什么那么不喜欢呢？”

茶碧镇静地奏说：

“从古到今没有哪一个朝代可以维持一千年以上的，我在想怎样才能让我们的子孙不重蹈宋朝之覆辙。现如今，我们把宋朝给灭亡了，所有的臣僚们就忘乎所以，这不是什么好的事情。应当使他们清楚创业艰难，守业更艰难之道理，只有这样，方能励精图治，快速地恢复发展生产，使人民都安居乐业。”

这件事过了没多长时间，忽必烈使人将从南宋取得的金银珠宝、字画古玩陈列在宫殿之上，让群臣们观赏。可是，茶碧皇后随便看了一眼就悄然走了。忽必烈觉得很是奇怪，便让宦官去追问茶碧原因，茶碧正色道：

“宋朝想方设法收集的此类东西，是当作产业留给他们后代的。他们的子孙缺乏能为而不能守，反被我大蒙所得，我感觉这是件极为可悲的事，应当引起为我们的警戒，哪还忍心再看它们一眼呢？”

忽必烈闻言不禁喟然长叹，的确如此。

忽必烈建立元朝以后，把仿效汉法的措施执行到了整个国家，把典章制度重新做了一系列的调整。但是受习惯与旧势力的影响，使忽必烈总是走错路径，还动摇反复。而与此同时，身为皇后的茶碧，于伺助皇上统治中原上显示出了很高的才能与难得的品质。于办理国家的日常事务上，茶碧皇后目光如炬，于不少有关国计民生的问题上向忽必烈进言，并鼓励大臣们向皇帝直谏，以帮助皇帝把国家治理好。

一天，翰林学士王思廉为忽必烈讲诵《资治通鉴》，当讲到唐太宗恼恨魏征直谏，长孙皇后朝服拜贺一节之时，忽必烈沉思良久感触很深。他令王思廉来至后宫，把此故事对茶碧皇后讲一遍。茶碧一听就兴奋道：

“此类事对于皇上很是有好处，以后要多向皇上讲一些这类故事。”

正由于茶碧皇后时常向皇上规劝和进谏，使皇上在很多问题上都避免了走错路径。

蒙古族来到中原地区以后，第一面临的便是不一样的生产方式的矛盾。而此矛盾的解决是不是恰当，又与中原地区的稳定和发展有着直接的关系。由于蒙古族长期养成的习惯和客观的需要，一到中原便很是掠夺土地用作畜牧业，很大程度地给中原地区的经济生活造成了严重的损失。忽必烈于掌管漠南汉地之时，就曾经命令对农业生产进行保护，不要随意对农田进行圈占，获取的效果很好。

但是，当全国统一之后，为增强对中原汉族的镇压和为他们进一步扩张准备充足的马匹，还是于全国范围里圈占了大批的农田当作牧地。“东越耽罗，被逾火里秃麻，西至甘肃，南暨云南等地，凡一十四处，自上都(今内蒙古正蓝旗)、大都(今北京)，周回万里，无非牧地”。此种做法对汉族地区经济的发展产生了很大的破坏作用，激起了人民的不满。这更引起了皇后茶碧的极度重视及不安。

有一次，四怯薛向皇上奏请，要对京城附近的农田进行圈占以作牧场，忽必烈没有太作考虑就批准了。

茶碧知道以后，觉得此事办得极为不妥，燕京乃元朝的首都，牵一发就会动全身，对农田大规模地圈占，就会遭到人民的反对，就会直接威胁到朝廷的统治。于是，茶碧赶紧来至殿前，极其严肃地向汉人太保刘秉忠批评说：

“你是汉人当中最晓得事理之人，皇上任命你为朝廷重臣，对于你的话，皇帝从来都极为重视，四怯薛不明事理，竟然奏请皇上对京城附近的农田进行圈占来当牧地，此为有损国计民生之大事，你不会不明白吧？为何不对皇上进行劝谏呢？我们要是在刚迁都的时候，于京城附近划点儿牧场放马还可以，现在土地都全部分毕了，人民皆安居乐业，如果再由他们的手中将土地夺回来，难道不会制造混乱吗？”

从表面上看来，茶碧皇后好像是在指责刘秉忠，实际上是在变相地劝谏皇上忽必烈。她的此番话，对忽必烈而言就好似当头棒喝，于是赶紧下令不准再对农田进行割占。这样就避免了由此而造成的动乱及麻烦。

心灵手巧

茶碧皇后不止对军国大事十分通晓，同时在生活上也极为简朴与善于变革，并不由于自己是皇后便觉得多么特殊。

蒙古是以游牧为主的民族，放牧与作战全要骑马和射箭，那时候人的帽子还没有前面的帽檐。有一次，忽必烈习射归来之后，向茶碧遗憾地说：

“今天遇到一只大雁，由于太阳的光线太强了，刚好照着朕的眼睛，竟然使一只大雁自眼皮子下飞走了。”

茶碧闻言，心里一动，便想：“如果给帽子前面缝上一个遮挡阳光的檐，那不是不使阳光照眼了吗？”于是马上就动手。忽必烈戴上这样有前檐的帽子以后觉得很是方便，便兴奋地下令以后蒙古人所有的帽子全依照此式样来制作。

之后，心灵手巧的茶碧又将蒙古族的旗服加以改进，制作了一种被称为比甲的旗服。这种旗服没有袖子及领子，前边到腹部，后边到膝盖的弯部，以两条衣襻连缀起来，对于骑马和射箭很是适用，当时的人们都很是喜爱，并争相照着样子去做。

性情敏达洞悉事理的茶碧皇后于公元 1281 年，重疾缠身。忽必烈延请了全国所有的名医，也没有治好她的病。在她弥留的时候，忽必烈拉着她的手，问她还有什么放心不下。将要咽气的茶碧，内心里还对儿子真金割舍不下。这时候的太子真金虽然已经长大成人，但是身体不好总是患病。她希望真金以后能够继承父亲的大业，把国家给治理好。她清楚自己身为母亲，但以后不能再对儿子进行照顾了，所以一次一次地嘱咐忽必烈，求忽必烈照顾好太子。忽必烈流着眼泪答应了下来，茶碧皇后这才一歪头，与世长辞了。

忽必烈对于茶碧的死，极为悲痛，一下子就老了许多，就像换了一个人一样。此时正在外地的真金太子一听到母后辞世的消息，一下子便晕倒了，醒来后昼夜不分，紧赶回朝看望母后。天下所有的官员和百姓全为失去了一位贤明有德的好皇后而流泪。

忽必烈在公元 1284 年为茶碧皇后追谥：“贞懿昭圣顺天睿文光应皇后。”

后来成宗当上皇帝，又对茶碧皇后进行追谥：“昭睿顺圣皇后。”

茶碧皇后经过了元朝统一全国的艰难日月，亲眼目睹了宋、金等国的覆灭。所有这一切都深刻地影响着她，使她与忽必烈一样时常思考着如何来扩大元朝的版图，如何使元朝不再走宋、金等国灭亡的道路，从而殚精竭虑地辅佐忽必烈努力把国家治理好，也使她最终成为了一位被后人称赞的优秀的女政治家。

由孤女至母仪天下的名后马秀英

名后小册子：马秀英(1333年—1382年)，明太祖朱元璋的皇后，安徽宿州人，“有智鉴，好史书”。她早年丧母，被郭子兴夫妻作为义女收养。后来马秀英和英勇善战的朱元璋结了婚。在朱元璋平定天下，创建大明王朝的年月当中，马秀英与他同甘苦共患难，所以朱元璋做了天下之后，对马秀英一直极为尊重与感激，也总是能认真听取和采纳她的建议。马皇后在临死之前还在嘱咐朱元璋“求贤纳谏，慎母如始”，并愿“子孙皆贤，臣民得所”。朱元璋总是把马皇后的贤德和唐朝长孙皇后相提并论。

大脚皇后

洪武年间的一个元宵灯节的晚上。

皇帝朱元璋和大臣刘伯温在京师微服私访灯会。一家大商号的门前，彩灯高挂，其上贴有灯谜很多，还插图于其中，招来很多的人围观与竞猜。

朱元璋君臣也凑过去观热闹，忽然看到一个十分有趣的图画谜面。画上画着一位妇女，妇女的一双脚很大很大，怀里抱着一个大西瓜，喜笑颜开，样子极为滑稽。朱元璋不知道是什么意思，便问身边博学多才的刘伯温。

刘伯温沉吟片刻回答说：

“这画的是‘淮西大脚妇人’！”

朱元璋仍不明白道：

“何谓淮西大脚妇人？”

刘伯温却笑着说：

“回宫问一下皇后娘娘便知。”

那天晚上回宫后，朱元璋便急不可待地问马皇后，马皇后讪然笑说：

“妾是淮西人氏，并是天足，这个谜谜底可能便是妾了。”

朱元璋一听火了，大叫道：

“区区市井小民胆敢制作谜语取笑当朝皇后，真是胆大包天！”

即刻下旨将制作谜语的人捕拿归案。

马皇后见要出大事，连忙笑着劝解道：

“节庆假日，君民同乐，这又有什么呢？况且妾本来就是大脚，纵然说了也没有什么大错？何必把事情闹得那么大，让人笑话！”

这事也就此算了。

很小的一件事，但满见马皇后的仁慈和大度，可为什么一位母仪天下的皇后，却没依古制裹成“三寸金莲”，却留有一双天然的大脚呢？这是由于马皇后出身微贱，原来就是一名孤女，那时候见天打仗，哪里还会想到要缠脚呢？这就成了一位让人笑话的大脚皇后。

皇后出身

马皇后的家乡在宿州新丰里那个地方。

他们原先也是很富裕的大户人家，母亲郑氏将她这个独生女儿生下以后没有多长时间便死去了，父亲是一个豪爽，仗义疏财之人，结交了很多很讲义气的朋友。

那一次，朋友受了窝囊之气，出于义愤，他出手杀死了一个当地的豪强，为了避仇自己只好逃到外乡。临走的时候，他将自己的女儿托付给了好友郭子兴来抚养。那时候女儿还不到一周岁。

郭子兴也是一个很有情义的人，受了朋友的托付自然很是上心，和夫人张氏将马姑娘当做亲生女儿，细心地加以抚养。年龄稍大的时候，郭子兴亲自教她学文化，张氏夫人也教她以女工。马姑娘极其的聪慧，不管学什么，只要稍作指点，就可以立刻学会。马姑娘及笄之年长得很是好看，面如满月，神情安逸，一举一动全有着大家之风范，郭子兴夫妻对她极为钟爱，就像掌上明珠一般。算卦先生曾经对郭子兴言道：

"小姐天相，不能一般看待啊！"

说得郭子兴云里雾里半信半疑，所以在给马小姐选婿之时便很是小心谨慎。找啊找，可总是找不到让他们中意之人。

而就在这个时候，由于朝廷腐败，各地揭竿而起纷纷举起了义军，一时天下大乱。很具声望的郭子兴，平时就胸怀大志，在元顺帝至正十二年初春，也于境州举起了义旗，和朝廷作对。如此事多，马姑娘的择婿之事也就一时放在一边了。

然而过了没多长时间，只有二十五岁的朱元璋便投到了他的义军里。那时候他当的是"十夫长"，作战极其勇猛并且很有智谋，屡次出战，皆立下了大功，郭子兴也对他很是看重。

那一次义军打了一个大胜仗以后，郭子兴设酒宴对众将士进行犒劳，这时候朱元璋还不是高级将领，然而由于功劳大和被郭子兴看重也被特别请于帐中。此次庆功会，除了庆功以外，郭子兴夫妇还蓄有另一份心，那就是为自己的马小姐选择一个好女婿。

庆功宴开始之后，郭夫人张氏牵着马姑娘的手藏于幕帐之后偷偷向外观望。此时帐中的诸位将领们酒兴正酣，个个神采飞扬，猜拳行令，推杯换盏，脸上都充满了胜利的荣光。

马姑娘满脸含羞地逐个相看，最后将眼光落在了最外席的一位年轻的军官身上。只见他身材魁梧，粗黑面容，深陷双眼，嘴大脸又长，长得虽不甚好看，然而器宇轩昂，眉含英气。只有他不跟着众人嚷笑，手端酒杯安坐俨然，好像在思考什么事的样子，也许正是为此，马姑娘才注意上了他，也为此而看中了他。

马姑娘向养母张氏表明了自己的心思，张氏也是个很聪明的夫人，她早就知道这位年轻军官的故事，也很觉此人前途不可限量，所以对姑娘的眼光也很是赞赏。而此位年轻的军官便是以后的明太祖朱元璋。

这样以来，郭子兴夫妇便做主将马姑娘和朱元璋的婚姻大事定了下来，然后选了一个好日子，给他们喜喜庆庆举办了婚礼。

自这以后，于军中初露头角的朱元璋就正式成了元帅郭子兴的乘龙快婿，也便使许多人嫉妒眼红。起初朱元璋于郭子兴的军中屡屡建功被器重的时候，就引得追随郭子兴起兵的一些亲信人物的不开心，这以后更让他们平生妒火，于是，便总想找机会坑陷他。

此时不少起义的队伍都慢慢壮大起来，影响最大的就数张士诚与陈友谅的义军。如此，义军作战的形势就变得不一般了，不仅要和朝廷作对，而且义军之间还要时刻互相提防。

与此同时，朱元璋在军事上产生了一些和郭子兴不同的意见，他性子率直，又仗着自己是元帅郭子兴的女婿，因此总是对郭子兴直言自己的想法，这便让性情有点刚愎的郭子兴不高兴。那些平时就嫉妒朱元璋的人就趁机在郭子兴面前大说他的坏话，说他怎样的骄纵，怎样的专擅，必然是心存异志，想把我们的队伍拉出去！郭子兴心里由此对朱元璋也起了戒备之心。

这一日，郭子兴召开高级军事会议。所有的将领们都对郭子兴的主张俯首称是，只有朱元璋无所顾忌提出了自己的不同的看法说：

“不行，就是不行！”

元帅郭子兴很是反感，大声说：

“你闭嘴！”

然而，朱元璋还是据理力争，坚持不肯相让。

后来两人竟然高声吵了起来。郭子兴下不来台，感觉丢尽了人，窝火道：“这个朱元璋！”盛怒之下便关了朱元璋的禁闭，让他自己反省思过。

可郭子兴手下平日嫉妒朱元璋的那些亲信，却瞒着郭子兴，暗地里给看守人员下令断了朱元璋的饮食供给，想将没有办法和外边取得联系的朱元璋偷偷给整死。

马秀英知道朱元璋无端被关禁闭之后，内心里很是焦急。

马秀英千方百计接近了关押朱元璋的别室，最后发觉只要穿过了一小片坟地，那间房子的后窗便可以靠近，而且看守人员不会注意到后面的。于是，马秀英很快就得知了丈夫朱元璋被断食的消息。

那时候他们军中的粮食供应很是紧张，每人每天只能配给一定量的食物，即便是元帅郭子兴的女儿马秀英也一样。马秀英又不敢对别人说那条和别室相通的通道。她便每次吃饭的时候都假装身体不舒服，将食物带至自己的卧室里。每次她都是仅吃上几小口，就将大部分的给朱元璋剩下来，等至黄昏时分，再独自大着胆子穿过那个坟地，将一日剩下来的食物偷偷打别室的后窗递于丈夫。

但是自妻子马秀英口里剩下来的这些食物，朱元璋三口两口就吃完了。为了能让朱元璋吃饱，端庄贤惠的马秀英只好暗中去厨房偷。这一日，厨房里的馍馍刚蒸熟，火头军又不在厨房，她就偷偷地潜进去，揭开笼盖，也不怕烫手，抓起几个热气腾腾的馍馍就急急往怀里揣。谁想一跑到门口便和养母张氏夫人撞在了一起，张氏夫人看她慌慌张张，便很是不解，关心地问女儿：

“为什么这样慌慌张张？”

马秀英心想自己的行为已经被母亲看见了，再加上怀里的蒸馍烧得慌，一时便羞红了脸，泪水禁不住地往下淌，只是不说一句话。张氏夫人看她很是为难，便将她领至自己的房里，细问根由，马秀英终于忍不住一肚子的委屈，趴在地上大哭起来，最后将事情的原委告诉了养母。

张氏夫人闻言心里很是吃惊。

张氏夫人马上告诉了郭子兴情况，且为朱元璋讲情。郭子兴一听有人竟敢背着自己害自己的女婿，不由得心中大怒，即刻下令放了朱元璋，又将那几个暗害朱元璋的人关到了别室，并治以重罪。

由于朱元璋的军事才能，在他投奔郭子兴军队还不到三年的时间里，屡立战功，接连得到提拔和荣升，元顺帝至正十五年，便当了郭子兴的副元帅，总领兵符，节制诸将，很快竖起了极高的威望。

没过多长时间，郭子兴元帅因病辞世，朱元璋理所当然地成了军中的主帅。

次年，朱元璋攻占了重镇集庆，把它改名为应天府，自立吴王，妻子马秀英也跟着当了吴王妃。

那时候的吴王除了和元军作战，还和自称为汉帝的陈友谅争夺地盘，经常发生战争。

马王妃为了全力帮助丈夫，亲自和将士的妻女们一起给部队制作军用衣物，使得军威大振，很快便打败了陈友谅。

朱元璋马不停蹄一鼓作气，率着自己的军队东征西杀，很快荡平了其他义军，又回过头收拾了不堪一击的元都，最后定都应天府(今南京)，建立明朝，自己当上了开国的皇帝。

马氏也从此当上了皇后娘娘。

母仪天下

朱元璋打下元都北京城以后，将在元朝皇宫里搜罗来的大批珍宝文物，送到了应天府。朱元璋自思自己原本是讨饭的叫花子，现在竟成了皇上，眼看着这样多的宝物，当然是心里很是喜欢，忙请来马皇后来一起乐和。然而马皇后一见，却满不在乎道：

“元朝便是由于有了这些东西而亡国的，皇上自己不是有宝物还要这些东西干什么呢？”

朱元璋喃喃自语道：

“朕晓得皇后说的是把贤士当做宝物啊！”

马皇后见皇上明白过来，慌忙向皇上祝贺道：

“皇上有那样的宝物便可以完全得到天下，臣妾恭喜皇上！臣妾和皇上起于微末，现在当了皇后，最害怕有骄纵奢侈之情，希望皇上把天下贤士看成宝物！”

马皇后总是劝皇帝用贤德来治理国家，她自己也用贤德来勤治后宫，以自己的一言一行来倡导后宫嫔妃节俭和仁慈。马皇后最喜欢读古代的史书，也总是以古训来教导他人，她说宋朝多贤后，所以令女史官将她们的言行家法摘录下来，给后宫的众嫔妃们传看。有人感慨地说：

“宋朝的皇后也仁厚太过了！”

马皇后正色道：

“仁厚太过，难道没有刻薄好吗？”

皇上的衣服鞋帽和饮食，马皇后全亲自料理查看，但她自己衣食全不讲究，非常的俭朴，衣裳穿破了也舍不得扔掉，总是补了又补。虽然是当了皇后，然而她决不忘记贫贱的时候以及在战争的年代里的好传统。但是她对于妃嫔宫人的子女，却半点儿也不小气，全让他们拥有足够的生活待遇；对于宫里的下人她也很是关心，总是送给他们一些衣物和食品；每到文武官员的夫人入朝的时候，她都忘不了给她们送些礼物，且和她们亲切交谈，就和对家了的人一样。于是，宫廷内外的人全极为敬重马皇后。明太祖也由衷地感叹说：

"朕的贤后能和当年唐太宗的长孙皇后相比！"

马皇后道：

"妾身听说夫妇间相保容易，但是君臣间相保就难了，皇上不忘记一同贫贱的臣妾，希望也别忘了共同从艰难里走过来的臣工们。臣妾唯求问心无愧，怎敢比贤德的长孙皇后呢！"

马皇后深深地懂得忠臣贤士对于朝廷是多么的重要，所以很是注意用一个女性的细心来给他们以关心。每天早朝假如事情较多便总是要延续到中午时分，奏事官员依照惯例，这时候便要在殿堂之上吃午饭。一日，马皇后让太监端来给奏事官员作为午饭的菜肴品尝。她尝后感觉味道不是太好，马上对明太祖提议说：

"君王所得可以少一些，但要养贤才之人最好的办法是对他们好一些，不然如何能笼络住贤德之人呢？"

明太祖觉得这话说得很对，便即刻命令管理膳食的光禄寺卿改善官员们的议事午餐的质量。

明太祖朱元璋有一次巡视太学回到宫里之后，马皇后关切地向他问道：

"太学里有生徒多少？"

朱元璋回答说：

"有几千。"

马皇后又向他问道：

"人才可以说是不少，他们本人由朝廷来供给食用，但是他们的妻子和儿女由哪个来供养呢？"

太学生乃是朝廷培养的才俊之士，他们于太学里学习的时间内所有生活用度全由朝廷来承担，只是无以外的俸银，由谁来供养他们的家人以前倒无哪个朝廷想到过此事。此时马皇后一说到这个问题，朱元璋也很是重视,便下令专门设“红板仓”,来贮存粮食以赐给太学生家属之用。自此以后,让太学生们再没有后顾之虑,可以潜心向学了。

马秀英皇后不仅很贤德,才能也很好。她大量地阅读经史,相当地有学问,太祖皇帝全部的札记,全是由她亲为执笔写下来的。太祖皇帝每每有所感慨与言论,她全细心地作以记录。不管事情是怎样的纷繁复杂,她都能排布得有条不紊舒展自然,没有半点遗漏的地方。

朱元璋和马皇后的感情深厚,屡屡要对马皇后的族人赐以高官厚禄,马皇后都坚决辞让,她认为:“外戚干政,最容易扰乱朝纲,对外家恩赐官职,实在不是好办法!”所以,虽然明朝外戚也会享有高爵厚赐,可通常不让他们担任重要的职位,以防止他们干政,此种规矩便是马皇后制订的。

因为汉、唐两代的祸乱,一般都是由宦官参政所导致的,所以,聪明的马皇后极注意于此方面为明太祖朱元璋提意见。为这个,明朝朝廷严禁内臣兼任外臣文武官职,不能戴外臣官帽,不能穿外臣的官服,不能和外廷诸司互通文书,且于宫门的前面竖了一块铁牌,写着:

内臣不得干预政事,犯者斩!

这样以来,便杜绝了宦官乱政的弊害。

由于明太祖朱元璋早年过于贫贱,多磨多难,所以,虽然神武豁达,英明睿智,可骨子里却隐藏着诸多猜忌与苛刻。所幸的是他有一位宽厚仁慈的好皇后,遇事总是劝谏于他,这样便减少了不少刑戮,挽救了不少无故被猜疑的人,对大学士宋谦的赦免便是一个典型例子。

大学士宋谦是元末明初时候著明的大学问家,明朝刚建国的时候很多典章制度、礼乐刑政文典全是出自他的笔下,朱元璋尊称他为“开国文臣之首”。他辅佐明太祖了十九个年头,在洪武十年,六十八岁告老还乡,隐居于青萝山中。

然而过了三年,宰相胡惟庸由于造反被杀,和胡惟庸关系很好的宋谦的孙子宋慎也受到株连被处以死刑。由于宋谦曾经当过胡惟庸的经书老师也遭到明太祖朱元璋的猜疑,所以也被捕至京,这时候的宋谦已经七十二岁了,哪受得了这样的罪?马皇后知道之后,连忙劝朱元璋道：

“宋先生曾经在宫里给皇上讲学，就是教一个字也是皇上的老师，这个事实是永远也不会改变的。民间一般人家为儿子延请老师，从始至终还都以礼相待，况且是皇上呢？再说如今他已那么大的年纪了，隐居于青萝山里，还能有何作为呢？”

太祖自负地说：

“此事你不明白，这个老头儿总是闲不住，虽说是在青萝山里隐居，然而全国去找他请教学问的极多极多，满天下都是他的学生，如果想造反，事情也就大了！”

马皇后的此次讲情，朱元璋坚决不答应，马皇后也只是心中有苦，嘴里却说不出。

但是到了次日，太祖进行午膳，马皇后却让宫厨摆出的都为素膳，没有一点酒和肉，朱元璋问是什么原因，马皇后流着泪说：

“臣妾这是给宋先生做福事！”

朱元璋见结发之妻如此，也于心不忍，最后下令赦宋廉不死，流放于茂州。

马皇后对于大臣仁慈，当然对于平民百姓也有所荫及。沈万三是吴兴有名的巨商，据说家里的金银堆积得像山一样多，但沈万三性情豪爽而又浮躁，非常爱在别人面前炫耀自己家里的财力。在明朝建立之初修筑京城的城墙之时，沈万三哈哈一笑主动要求为朝廷分担一半的工程，由于那时朝廷的财力有限，便答应了他的要求。没有想到，沈万三凭借自己有大量的财物，且调用方便，竟然比朝廷组织的工程还先完成，让朱元璋觉得他这个皇帝很是没面子。

在明太祖朱元璋正欲寻找由头惩治一下这沈万三之时，好大喜功的沈万三又要提请对皇家军队进行犒赏，明太祖朱元璋听后大怒，叱道：

“你是什么样的人，还想对皇帝的军队进行犒赏，是何用心，真是乱民，马上处死！”

然而马皇后却想，沈万三虽然不知高低，但怎么也不致于被处死，于是向皇帝进言说：

“臣妾听说国法是用来惩治不守法之人的，并非是用以诛杀皇上不赏识之人。虽然沈万三有些狂妄,可并没有犯什么法,以臣妾看不应该被诛。"

明太祖听了感觉言之有理,也便不再诛杀沈万三,遂下旨:

"他沈万三不是有钱吗?那就利用他的财力,让他到云南边区进行戍守吧!"

还有一个郑谦,浦江人,家族人相处很是融洽,十世同堂,名传道还,人们都把他们家叫做"义门",郡守对他们家族的融洽和乐也进行了表彰,赐予他们家一块的匾额,上写"天下第一家"。朱元璋对这件事感到很有趣,就专门将郑谦召到京城里相见,问他家里共有多少口人,郑谦回答道:

"一千多口。"

朱元璋感叹道:

"千余口人共居同食,齐心协力,世上少有,不愧为天下第一家啊!"

便赐予了丰厚的礼品令他回去。

马皇后于屏风之后听到了他们两个的对话,坐不住了,慌忙向朱元璋传话:

"起初皇上一个人举事,才取得天下;郑谦一家一千多口人,假如举事,岂不是更为容易吗?"

朱元璋闻言吃了一惊,赶紧让中官再把郑谦召回来,向他问道:

"你治理家族,有何巧办法吗?"

郑谦郑重地回答道:

"也没有什么巧办法,只是对于老婆的话不听就是了。"

朱元璋一听哈哈大笑,于是对此事不再过问,放心地让他回家了。

朱元璋从来对于马皇后极为重视,他认为自己的成功和马皇后的全心辅佐是分不开的,这个郑谦却从来不听老婆的话,那他肯定也成不了什么大气候。

贤惠而从不忘本的马皇后于洪武十五年八月,身染上重疾,怎么医治也不见有所好转,她便坚持不再吃药,朱元璋流着泪苦苦相求,她却说:

"生死由命,臣妾的病已到了这个地步,纵然再吃药又有什么用?"

卧于病榻之上，她还总是念念不忘地屡屡嘱咐皇上：

“希望皇上求贤才、纳谏言，从始到终每一步都要小心行事，这样才会对子孙和臣民都有好处！”

随后，又将王子和公主们唤至身边，对他们叮嘱道：

“生在富贵当中，就应该知道蚕桑耕作是不容易的，要为天地而节俭，为民造福！”

又过了没多长时间，马秀英皇后便永别了人间，终年五十一岁。

明太祖朱元璋没有了同甘苦共患难的结发之妻，也丧失了他最得力的助手，悲伤至极。为了永远悼念和自己恩爱一世的马皇后，朱元璋下决心从此不再立后，这个皇后的位置永远为马皇后空着。后宫中人也对马皇后之贤德极为感念，专门为这位贤淑仁慈的皇后写了这样一首歌以纪念：

我后圣慈，化行家邦；抚我育我，怀德难忘。
怀德难忘，于万斯年；毖彼泉下，悠悠苍天。

德才兼备的睿智皇后徐氏

名后小册子：徐氏(1362年—407年)，明成祖朱棣皇后，濠州(今安徽凤阳)人。父亲是开国元勋中山王徐达，母亲是谢氏。建文四年当上皇后，谥号“仁孝文皇后”。于明朝史册上，她是被人誉为“女诸生”的人杰。她贞静聪明，德才兼备，对外帮明成祖治理国政，安邦定国；对内助朱棣安抚宫廷，使上下齐心。明成祖之所以能够开创“永乐盛世”，和此位极有见识的徐皇后是绝对分不开的，她的事迹也被后人广为传诵。

聪敏好学　成为王妃

徐氏的父亲徐达出身于贫苦的家庭，元朝末期加入了郭子兴的义军，郭子兴病死以后，徐达便成为了朱元璋麾下极为著名的大将。他有勇有谋，打战非常勇敢，总是冲杀在最前面，并且屡立战功。朱元璋当吴王之时，封他为左相国，后为征虏大将军，为明王朝的建立东征西杀，的确是战功赫赫。朱元璋当上皇帝之后，徐达也由于卓著的战功，当上了右丞相，后来又加封魏国公。母亲谢氏，知书明理，既温柔又贤惠。

徐达夫妻总是教女儿治国安邦的学问。徐氏从小就极为聪明伶俐，她记忆力非常之强，过目不忘，那些历史上英雄人物的事迹，父亲一给他讲，她便全能一一复述，并且没有丝毫的差错，这让父母都很是惊奇。虽说那时候女子读书的很少，但是父母还是特特给女儿聘了一名老师。

随着年龄的增长，徐氏读的书愈来愈多，什么四书、五经、史书及文学之类的书籍，她都读过。从书本上，她学到了很多文化知识，慢慢学会了写诗和做文章；也从中懂得了做人的道理及方法。书里所写的英雄俊杰的事迹总是让她感动，她曾言：

“书里所说的前人的嘉言善行，均是要让后人仿效和实行的。”

因为父亲桌案之上总是摆放着一些实战用的兵书，徐氏也总是翻看，因此对于排兵布阵的作战之法她也学会一些，这就为她后来指挥兵马守卫北平城镇静如常打下了牢实的基础。

那时候，都知道徐国公家里有位才女，因而让徐小姐也获得了一个“女诸生”的称号。

朱棣大徐氏两岁，母亲是硕妃娘娘，生于元顺帝至正二十年。朱棣在洪武三年当上燕王，他“姿貌秀杰，目重瞳子，龙行虎步，声若洪钟”，朱元璋与马皇后对他都极为喜爱。但他长至十五六岁的时候，尚无定亲。

终于，皇帝朱元璋也听说了“女诸生”的故事，同时也就想到了他的四子朱棣。便传徐达进宫相谈。

朱元璋向徐达言道：

“俗话说，男当婚，女大当嫁。朕和爱卿打小就是好朋友，同甘共苦20多载，从来就没有红过脸。自古以来，君臣和睦，一般都结为婚姻之亲。朕的四子朱棣朕觉得还可以，爱卿的小姐聪明灵慧，俩人年龄也差不多，还希望爱卿能把令嫒许配给朕的四子。这样，佳儿、好女结为夫妻，可以让我们做父的也安心了。”

这是皇帝亲自向自己提亲，何况徐达也夙知朱棣的仪容和才能，岂有不允之理？于是，此亲便这样定了下来。

由宫中宣制官在洪武九年正月二十七日于宫中正式宣布：

“册徐郡主为燕王妃。”

那时候，朱棣17岁，徐氏15岁。

朱棣和徐氏结婚以后，极为恩爱。徐氏对燕王很是关心，燕王对徐氏也非常体贴。

徐氏对于父皇和母后也是特别的敬重，小心侍奉，所以马皇后对她也是宠爱有加。马皇后总是夸赞徐氏道：

"这的确是哀家的好儿媳。"

在此后的4年当中，马皇后对她直接进行教诲，像对自己的亲闺女一样。马皇后对她的言传身教，她也牢牢记在心中。

按照朱元璋的安排，洪武十三年三月，朱棣要去他的封地北平(今北京)就藩镇守，徐氏当然也一同前往。在北平，徐氏便将由马皇后那里学来的本领全使到了燕王的府里，把燕王府的上上下下，整治得有条不紊，使燕王完全没有什么后顾之忧。

守卫北平　镇静如常

朱元璋在临死之际，对子孙和大臣们说：

"同心辅政，以安吾民。……诸王临国中，毋至京师。"

按照遗诏，皇太孙朱允炆登基当了皇上，改年号为建文，也就是建文帝。

朱允炆像他的父亲朱标一样忠厚仁柔优柔寡断，可那时候的26个藩王，全是他的叔父们。

这些给明朝的江山多次建立功勋的王爷们，拥兵自重，各为一方之霸，像燕王朱棣早就对想当皇帝。燕王朱棣问徐氏如何才能使自己强大起来。徐氏以为，朱权在大宁(今内蒙古宁城县西)为宁王，他拥有骁勇善战的突厥族骑兵，依照燕王现有军队的实力，完全能够先将大宁给拿下，把宁王的军队给收编了，然后再集合全部力量来迎击朱允文派来讨伐的李景隆率领的南军就会更有胜算。

最后，朱棣决定把王妃徐氏与世子朱高炽留下坚守北平，自己则率主力军队快速地去攻取大宁。朱棣临走的时候，反复嘱咐徐氏和儿子道：

"假如李景隆来攻打，便坚守着待我回军，一定不可开城门与他们交战。"

朱棣还专门把卢沟桥的守兵也撤去，佯作没有丝毫准备，来引诱南军大胆地长驱直入。此计划是周密的，同时风险也很大。

然而,李景隆实在是一个不会带兵打仗的一勇之夫。

当他带领着50万的大军来至北平城下的时候,看见卢沟桥上连一个守卫之卒都没有,就高兴得不得了,好像北平城已经到手了一样。他将自己的大军分为三路:一路来防止通州宁军与北平相呼应而去攻打通州;一路主力准备阻击朱棣的回援军队在北平和通州之间的郑村坝;一路去攻取北平北门。

看来,李景隆是将自己的主要兵力用在了对付朱棣的回援部队上,所以自己亲自指挥这次战斗。虽然这减轻了北平城的压力,然而北平的9个城门前的战斗,依旧激烈异常。

南军凭借着人多势众的优势,不分白天黑夜地轮流进行攻打。端庄文静的燕王妃徐氏虽然面临紧急之局势,却丝毫也不慌乱,镇静如常。她一边给将士鼓气英勇杀敌,誓死守城;一边把城里健壮的妇女组织起来,发给她们战衣、长矛,登上城墙杀敌;她也亲自上了城墙督战。

有她的鼓动和影响,让守卫的兵将信心百倍,精神旺盛。登上城墙的妇女有枪的使枪,没枪的便投瓦、掷石,竭力拼杀。此时正是隆冬季节,燕王妃徐氏便想到了冰城保卫的战略,她令妇女们将水端到城墙之上,然后顺城墙泼下。天寒地冻,很快就结上了坚冰。如此就更不好攻城了。李景隆军队看着久久发呆毫无办法。由于徐氏的正确带领,燕军牢牢坚守住了北平这座孤城,给燕王回军消灭李景隆的军队赢取了极为宝贵的时间。

朱棣于大宁获悉了北平的消息,打内心里很是佩服自己的这位妻子,真不愧是徐达之女。燕王得到了大宁,将宁王朱权的8万军队进行了收编之后,即刻回军相援,对李的南军进行南北夹击。李景隆极为害怕,生怕全军覆没,赶紧先逃跑了,连夜逃到了德州。

次年的四月初一日,朱棣又带兵南下。至建文四年六月十三日,拿下南京城,获取了全面的胜利。

当上皇后　爱民助帝

朱棣刚刚登上龙位,百废待举,徐皇后除了对皇帝的饮食和起居关心以外,还对朝廷政事关心备至。她善于对民情进行体察,来关心万民的疾苦，总劝皇帝要让人民休养生息。徐皇后诚挚地向丈夫道：

“南方和北方中间，这些年来总是打仗，人民饱受兵燹之苦，你如今已经坐了龙位，就应当要时常对人民进行体恤，使人民可以过上安逸的生活。”

此外，朱棣当上了皇帝以后，第一便要扫除朝廷里那些反对自己的人，齐泰、黄子澄都是最重要的代表。见明成祖大诛旧臣，皇后徐氏便直截了当地对成祖说：

“现在朝廷里的一些贤才，全是太祖皇帝遗留下来的宝贵资源，希望皇上于选擢任用之时，一点儿也别有新老的区别，要一样看待他们，只有如此他们方真正能为我们所用。”

明成祖认为皇后徐氏说的话很正确，很快便发布诏谕，稳固人心：

“帝王图治，必审于用人。或取诸亡国，或举于仇怨，唯其贤而已。”

皇后徐氏也极为兴奋，她高兴地对皇帝说：

“理民治国，需紧抓任用贤能这个基础。于自己的费用方面可以节俭，可是在培养人才方面就不能吝啬钱财。夫与妇之间相互保全不难，君和臣之间和睦便不容易得多了。皇上能够知人善任，臣妾便没有什么可担心的了。”

一个地方治安的好坏，和那里的地方长官有着极大的关系。有一日，朱棣在殿上破格擢用了一部分知府官员。退朝回到后宫之后，很高兴地对皇后徐氏道：

“吏部对于地方长官的擢用，总是按资论辈。朕今天亲自破格擢用了 20 多人当知府。”皇后徐氏闻言，对于成祖的这一做法极为喜欢，且说：“国家治安的好坏和人民能不能安居乐业，最重要的在于地方长官能力的大小。按照资格选用官吏，那些真正有能力之人，便会被压制。”

接着她又道：

“从古至今，有作为的皇帝对于那些才能出类拔萃之人，均打破常规，破格任用。而对于那些才能平常、有经历之人，就要看他们的资格了，一步一步地给予提拔任用。两者并使，相互补充，才不会把人才给埋没。什么样的才能得到什么样的位置，才会收到最好的效果。”

明成祖于徐氏的辅助下，在许多方面都施行了改革，因此在明成祖的时候，“为政之道，宽猛适中；礼乐刑政，施有其序”。徐皇后总是不忘马皇后对自己的教诲，她与丈夫一道大刀阔斧地对宫廷官员的各项制度施行了改革，擢拔那些品质良好、夙有声望的大臣进入宫廷，给明朝的宫廷设置开创了一条路子。明成祖和他的父亲明太祖似的，是一个干事业并很有作为的皇上。打从明太祖将丞相和中书省废除之后，全是皇帝亲自审批和处理政务。明成祖登基之后，政事的繁忙逼着他不分昼夜地工作，徐氏见丈夫那么辛苦地工作，就千方百计地为他分忧。有一次，明成祖退朝以后回至后宫，皇后徐氏关切地问他说：

"皇上总是与哪些大臣在一起议论国家大事呢？"

明成祖回答说：

"六卿进行国务的办理，翰林对于文告进行草拟，这些人白天和晚上都在朕的身边，以备随时顾问。"

于是，徐皇后便召见了一下六卿的夫人们。徐皇后对六卿的夫人们亲切地说：

"身为夫人，千万别想着为他们准备好衣准备好食便就没有什么事了，最主要的是要解除他们的后顾之忧，凡事全要替他们多承担一些。朋友之间有的言语能够左耳进右耳出，然而夫人的话，丈夫便容易接受得多。哀家侍奉皇上，和皇上之间就总是议论怎样才能让百姓能够过上好日子。哀家的不少建议，皇上全给予了采纳。"

然后徐氏又诚恳地向她们道：

"众位夫人们的丈夫全是国家的顶梁柱，对于他们，皇上全都极为信任，希望众位夫人也要积极地支持他们做事，使他们全副身心地为国家和百姓造福。此就是哀家对于众位夫人们的期望。"

徐氏最后又赐给她们不少礼物。这些大臣的夫人们，见皇后对她们如此的厚爱，全极为感动，回去之后就按皇后所嘱，更加好好地服侍体贴丈夫了。从此以后，朝廷内外的办事效率便有了很大的提高。

教子有度　约束外戚

明成祖一共有 4 个儿子、5 个女儿。4 个儿子里面，大儿子朱高炽、二儿子朱高煦、三儿子朱高燧，全为皇后徐氏所生。四儿子朱高爔很早就死了，生身之母不知到底是谁。5 个女儿，也就是永安、永平、安成、咸宁、常宁公主。

徐皇后不仅是一名贤良有德的皇后，并且也是一位很好的母亲。于子女的教育方面，她总是因人施教，给以后的明朝江山的稳定起到了极为有效的作用。

大儿子朱高炽，生于洪武十一年。他打小身体不好，性子柔弱，沉静而爱文，待人仁厚、豁达。对于大儿子的性格，徐皇后很是明白。为了使他以后能够担当起治理国家的大任，徐皇后极为注意自小便锻炼他遇事果断、大智大勇之能力，还总是教育他要爱民，待人要宽厚。明成祖朱棣性格刚毅，不拘囿礼法，他和儿子朱高炽的性格完全不同，因此他一点也不爱此子，他偏爱的是二子朱高煦。朱高煦剽悍好战，于靖难之役里，跟着父亲燕王征讨白沟河、东昌之战，都极为英勇，救父王于危难之中。所以，明成祖朱棣多少次地于高炽和高煦当中思量，总是不知到底该怎么办。徐皇后认为假如高煦以后当了皇帝，肯定以暴为主，所以力主把高炽立作储君。

高炽于洪武二十八年，被册为燕世子，皇后徐氏为了更进一步地辅助儿子上马，决心为儿子寻到一个好的王妃。

在婚姻上，她并不重视门第的高低，竟然选中了农民家庭里的一位姓张的姑娘。她看中了张姑娘的聪颖和贤惠，待人又和气，行动又端庄又大方，不管做何事，全极其的细致。张姑娘进宫以后，皇后徐氏就特特地教导她如何正确处理宫里人的关系，如何对丈夫的大业进行支持。

像当初马皇后对自己一般。皇后徐氏的言传身教也同样对张氏的影响极大，以后的历史证明，也恰是因为张氏的功劳，后来仁宗的皇位才得以保全。皇后徐氏特别注重教育儿子高炽对于怜惜百姓的道理。

明太祖朱元璋活着的时候，曾命令高炽和晋王、秦王、周王等四个世子分别对皇城的卫卒进行检阅。其他3位世子，迅速检阅完毕回来向皇爷爷交令，然而高炽却迟迟不回来。待他回来之后，朱元璋很不高兴地问他：

“你为何回来得这么晚？”

朱高炽极为认真地回答皇爷爷：

“清晨天气太冷，卫卒们正在吃饭，我待他们吃了饭后方进行检阅。”

朱元璋对于他的回答极为赞成，一肚子的不快一时就没有了，又跟着问他：

“在上古尧、汤之时，假如发生了水旱灾害，百姓们是凭借什么生活的呢？”

朱高炽根本不用考虑便答道：

“凭借的是圣人爱民的政策。”

朱元璋因此更对高炽刮目相看，心想这个孙子以后一定会有大的作为。朱高炽也在母后徐氏那里学到了一些领兵打仗的技巧，在北平保卫战的功劳上也有他的一份。由于上述种种原因，再加上皇后徐氏的力主，朱高炽在永乐二年，被正式立作储君，也便是后来的仁宗皇帝。对于其余的两个儿子，身为母亲的皇后徐氏也非常关心。由于他们的性子颇为暴躁，总是依仗着自己有功而骄横，母亲徐皇后便总是教育他们要顾全大局的道理，弟兄间要相互关心，团结友爱，一定不能想怎么样就怎么样。正是因为徐皇后的这些教育，虽然高煦、高燧早就觊觎着皇位，可于母亲在世的时候，怎么也不敢胡来。

作为皇后的徐氏深深地清楚历史上外戚弄权祸乱朝政，身败名裂、被抄家灭门的实在是不少，她牢牢地记着这个血的教训，就总是说服引导她的亲眷们要自尊自爱，要对朝廷的法度严格遵守。每到听说她的亲眷里有哪个不守法度、扰乱百姓的时候，她就马上传令进行召见，给予教训，让他改正。假如她听说她的亲眷里有哪个奉法循礼表现突出，也把他们召进宫里，加以赏赐，鼓励他们。

皇后徐氏向皇上建议要广泛地吸纳人才，然而她内心里总是牢牢地记挂着婆婆马皇后对自己说过的言语：“亲属当中不一定就有可以用的人才，还容易骄奢淫逸、不遵守法度，历史上外戚颠覆朝政，都是因为这个。”从而严格制约外戚当官。

徐皇后极为喜爱的兄弟徐增寿官至右军都督，曾经跟着明成祖出塞打仗，和皇帝感情很深。于明成祖兴兵“靖难之役”之前，徐增寿在南京城内驻守，建文帝早就发觉燕王要和自己争夺皇帝之位，于是便欲将朱棣在南京家里的三个儿子：长子朱高炽、次子朱高煦、三子朱高燧作为人质。徐增寿获悉之后很是焦急，便跑去晋见建文帝。他装作一副

忠心耿耿替皇上排忧解难的样子,向皇上进言说:

“皇上想把他的三个儿子扣留下来,那不是要逼他造反吗?”

皇上闻言似觉有理,便不再扣留朱棣的三个儿子当人质了。事情过后,他想办法将三个孩子送到了北平。这样,燕王朱棣兴兵的时候就什么也不害怕了。徐增寿另外在京城里还总是给朱棣传以情报,此事让建文帝获悉之后,极为恼怒,便让人把徐增寿给杀了。应该说徐增寿对于朱棣能够顺利登基是有功劳的。因此朱棣登基之后,便要将他追赠为阳武侯,谥号“忠愍”,还要追以功爵。他将此想法对妻子徐皇后讲了后,原想妻子会快活,哪料妻子徐氏知道后会不愿意给自己的弟弟追爵。她极为郑重地向皇上道:

“臣妾与增寿是一母所生,骨肉至亲,为他加官封爵,臣妾自然很是喜欢。然而就是由于他是臣妾的亲弟弟,臣妾才不愿意为他加什么爵位。”

朱棣也自有他的看法,他极其认真地对妻子徐氏说:

“朕为什么要为增寿晋爵呢?主要由于他是有功的,根本不是因为他是你弟弟的缘故。假如赏罚不明,立功却受不到奖励,朕这个皇上还当个什么劲呢?”

朱棣并不听妻子的意见,决意将徐增寿加封成了定国公,由他的儿子徐景昌世袭此职。皇后徐氏淡淡地说:

“此并非臣妾的想法,臣妾仅是希望皇上能把景昌加以培养,使他长大以后能为国效忠。”

皇后徐氏活着的时候,她从没有为一个亲戚徇私。仅这些,便是很难得的。

编书助学 呕心沥血

皇后徐氏还非常热心于女子的教育事业,力主女子也要入学读书,这在当时的封建社会是多么的不容易。

明代那时候的教育制度、机构已经颇为完善了。京城里建有国子监,和现在的大学差不多;府衙州县,建有中等的学府,和现在的高中差不多;县以下城乡也建有初级的学府。各级别的学府也有了相当的统一教材，选用一些学者从事教育事业。然而这些学府一般都是为男子创办的，男孩子 8 岁便能进入学府学习；但是，针对女子怎么教育的问题却没有明白的规定。而让女子能够读的书也极少，比如《女诫》、《女宪》、《女则》等，好多全是以封建礼教来对妇女进行约束或毫无实际内容的书籍。所以，皇后徐氏便想着要编一部能让女子学习的书，使众多的姐妹们也能接受到比较好的教育。

这样她便大量翻阅对女子教育有关的现有资料，且与婆婆马皇后的一些言论相结合，像“求贤纳谏，慎终如始”、“法屡更必弊，法弊则奸生；民数扰必困，民困则乱生”、“人主自奉欲薄，养贤宜厚”等，写作成为《内训》20 篇，书里将德当成第一篇，再次是修身、谨言和慎行诸方面。此书明确地显示了对待子女的教育需用宽严相宜的原则，指明“本之以慈爱，临之以严格。慈爱不至于姑息，严格不至于伤恩”，将她自己对于子孙教育的实例都融进了书里面。此外，她还让人大量地搜集古代的好的言语和典型的实例，汇集成册，题名作《劝善录》。皇帝读了这本书之后，打内心里表示佩服，遂下令把这本书遍行全国。

皇后徐氏在永乐五年夏天，顶着酷暑，还趴在几案之上审订她所编撰的《内训》与《劝善录》。国事、家事、编书使徐皇后操劳太过，终于让她崩溃了，病情突发，御医怎么调治也没有效果，却一天严重似一天，最后竟卧床不起。徐皇后清楚自己已经快不行了，她向丈夫成祖极为动情地言道：

“臣妾恐怕是不行了，命运这样安排，谁也没办法。臣妾现在极为担忧的是皇上，臣妾归天之后，皇上要好好地保重自己，勿要太伤心，以致伤了自己的身体。”

缓了片刻，她又接着道：

“对于国家的治理，最重要的是对百姓要爱惜，让人民得以生息，只有这样，国家才会久安。其次便是要广缆人才，治理好一个国家一定要有很多的能人贤才辅助。用人为上，必须要知人善任，千万不要由于一个人敢说话便对他反感，也千万不要由于他会说几句好听的话便对他十分看重，必须要按照他的才德，依实际情况而用。”

然后她又强调历史上外戚误国之理，再次奉劝皇上对外戚的使用一定要小心谨慎，说对外戚的娇宠一定会酿成杀身大祸。皇太子朱高炽来看到病弱如此的母亲之后，泪水禁不住地往下落，哽噎不止。他跪倒于母亲的病榻前面，母后以丝微之力抓住儿子的手，说：

"孩子，你还没有忘记当年的北平保卫战吧！还曾记得那些为了守城而亡的士兵的妻子吗？我什么时候也忘记不了。最近你的父皇想要巡视北平，我本想着和他一起前去，向北平那些可敬的姐妹们示以灵慰。但今天看来，已经是不可能的事了。"

她微叹一声，继续道：

"积善就像登山一样，久之肯定会高；积恶就像穿穴一般，久之肯定会塌陷。"

至尾，她对高炽嘱咐说：

"你作为一国的储君，有着非常重大的责任。一定要勤一定要认真，要好好侍奉你的父皇，千万勿因我的归西而太过伤心，这样也会伤了你父皇的心。我归去之后，办理丧事需从简，千万别铺张和浪费，这样对人民是没有好处的，千万勿要忘记对百姓要进行体恤。"

多么可贵的徐皇后啊！在最后的时刻想到的依旧不是自己，还是社稷之安危！想到的是还是怎样辅助皇帝、储君治理国家！

皇后徐氏在七月四日驾鹤西去，只活了46岁。为了尊重徐皇后，完全依照她的遗言，丧事从简。对于妻子徐皇后之死，明成祖朱棣悲伤不已，为他心目中的好皇后、好妻子于灵谷寺、天禧寺举办了隆重的大斋仪式。举国上下对徐皇后全极为敬仰，皆为失去了如此一位好皇后而叹息而悲哀，真是举国同哀。明成祖给徐皇后追赠谥号为"仁孝文皇后"。徐氏皇后如此死了之后，成祖他也再无册立过新皇后，他时刻想念着他的徐皇后。

明成祖于永乐七年在北京天寿山修造了陵墓长陵，工程非常宏伟和壮观。一直到永乐十一年才算真正完工，最后使徐皇后于这里长眠了。

太子当了皇帝以后，追尊母后徐氏为"仁孝慈懿成明庄献配天齐圣文皇后"，后世之人皆称她是"仁孝皇后"。

皇后徐氏的这一辈子，由太子妃到母仪天下，才华绝代，品高德尚，不愧为后世宫妃争相效仿的好榜样。

最杰出的女性之一皇后孝庄

名后小册子：孝庄(1613年—1687年)，蒙族人，姓博尔济吉特，名本布泰(也可以翻译成布木布泰)，蒙古科尔沁大草原贝勒寨桑的第二个女儿，清太宗皇太极皇后。孝庄文皇后一辈子经历天命、天聪、崇德、顺治、康熙五朝四位皇帝，恰是从乱到治的至关重要的历史时期。她的名字和清朝初期的很多重大政治事件紧密联系在了一起。她一心一意地对皇太极、顺治、康熙三位皇帝进行辅佐，对于清朝宫廷内部矛盾与斗争的调和，清朝初期社会秩序的稳定，国家统一的促进作出了杰出贡献，被后人们尊称为“清代国母”。身为非同一般历史时期、非同一般政治地位之女性，孝庄文皇后既具雄才大略、挽狂澜于既倒的政治家气魄，又淡泊名利、仁慈护下、黜奢崇俭，殚精竭虑将子孙抚育成才。她不愧为我国历史上最杰出的女性之一。

少年出嫁 但不受宠

孝庄在13岁之时，便已经是天仙一样美丽动人了。为了加强和后金在政治上的联盟，维护自己部落的好处，她的祖父莽古思决定将她嫁于皇太极。他对孝庄说：

“皇太极你也知道,他是一位十分英武的将军,雄才大略,你可愿意?”

孝庄温柔恬静,说:

“谨遵爷爷之命!”

于哥哥吴克善的护送下,13岁的孝庄于二月初二日领着自己的贴身侍女苏麻喇姑,来至后金的新都城辽阳。皇太极亲自到辽阳城外的北岗迎接,在北岗进行了隆重的大宴,以强烈的热情欢迎送亲的队伍。

将至辽阳城的时候,老汗王努尔哈赤亲自带领着他的后妃、贝勒以及众位大臣们出城相迎。进城以后,又举行了盛大的婚礼仪式。

自此以后孝庄就正式成为了34岁的皇太极的侧福晋。

而早在万历四十二年,也就是11年以前,孝庄的祖父莽古思便已经把自己的女儿,也就是孝庄的姑母哲哲嫁于皇太极当了大福晋。于孝庄嫁于皇太极之后的第九个年头,也就是天聪八年,她的姐姐海兰珠也嫁于了皇太极。亲姑和侄女两代三女同事一夫,这于整个中国历史当中也是极为罕见的。

皇太极于崇德元年登基当了皇帝,然后完善了后妃的制度,设五宫,各为:清宁宫、关雎宫、麟趾宫、衍庆宫、永福宫。清宁宫中宫皇后是原大福晋哲哲;关雎宫宸妃是海兰珠,排在第二;第三位麟趾宫贵妃是蒙古阿霸垓郡王额齐格诺颜之女娜木钟,排在第三;衍庆宫淑妃是原蒙古察哈尔林丹汗的窦土门福金巴特马·璪,排在第四;而永福宫庄妃才是孝庄,排在第五。

可见,孝庄在那时候是多么不引起人们的足够重视。自地位上而言,她只是位列五宫当中的第五,并且那时候皇太极年富力强,乾纲独断,庄妃也不可能有展示自己才能的机会。

孝庄下嫁之谜

皇太极于1644年辞世,一场争夺帝位的斗争开始了。

最具实力有可能当皇帝的有三个人:大阿哥肃亲王豪格、皇太极的第十四弟睿亲王多尔衮以及九阿哥福临。当中豪格与多尔衮全为很具实力的亲王,拥有八旗部队里一半的支持者。不管他们两个哪一个登基，都会有一场惨烈的争斗。为了使江山稳定，这时候就需要拥立另一位能登基当皇帝之人。

身为福临的生身母亲的孝庄觉得两红旗的旗主礼亲王代善的辈分与威望能够把握大局，就牢牢地拉住了代善，让两红旗的旗主能够拥戴福临。随后又把镶蓝旗也拉到自己一边。至末，也使得多尔衮改变了原来的想法，转而支持福临。

小皇帝福临登基之后，多尔衮当了摄政王主持朝政。

《清朝野史大观》如此记述：多尔衮还以顺治的名义向天下颁布诏书，说皇叔摄政王现在是单身，他的身份、地位和相貌，皆为国中第一人，太后非常愿意放弃自己的地位嫁给他。所以"太后下嫁"的说法从清朝初年便开始流传，清朝末年排满的时候此种说法更为严重。

太后到底是否真的下嫁给了皇叔多尔衮，一直以来，历史学界的人们有着各自不一样的看法。有些历史学家认为此种说法根本就是荒唐；而有些历史学家则认为确有此事，因为这和满族传统并不相悖。满族人入关以前从奴隶制往封建制飞快过渡，然而依旧存在哥亡妻其嫂等风俗，并且孝庄一心要让自己的亲生儿子福临当皇帝，此为壮大自己政治势力的最好办法，所以"下嫁"还是合情合理的。至于下嫁的时候有什么样的规模，向天下颁发了诏书没有，此还需再做考证。有的比较有历史价值的历史书籍也明白地对于此事做了记述。清代的蒋良骐于《东华录》里记述，多尔衮"自称皇父摄政王，又来到皇宫内院"。若皇太后没有下嫁，若多尔衮没有用皇父之身份来对待顺治皇帝，如此，他进出内院如常，恐怕为皇室宗亲所不能容忍的。并且，在多尔衮去世之后，朝廷又破例把他追尊为"诚敬义皇帝"。

朝鲜《李朝实录》对于这件事也有记述。书里记着顺治六年二月，清朝曾经遣使臣去朝鲜递交国书。朝鲜国王李从看到国书里把多尔衮叫做皇父摄政王，就问使臣说：

"贵国咨文里有皇父摄政王的称谓，那是何意？"

使臣回说：

"删去一个'叔'字，为朝里的大喜事啊。这样以来皇父摄政王就与皇帝是一家人了。"

《清圣祖实录》记载，孝庄文皇后于康熙二十六年十二月，身染重疾，弥留之际，对康圣祖熙说道：

“太宗文皇帝的梓宫，安放于那里已经很久了，不能由于我而去打扰太宗皇帝的安寝。我深爱你的父皇和你，难以忍心远离，因此于附近择一方墓地安葬便可以了。如此，我也觉得没什么可遗憾的了。”

清朝的皇族讲究帝与后合葬，很明显，孝庄文皇后是感觉下嫁给皇叔多尔衮，无颜再见太宗，于是便托辞不想葬得过远，单独在附近安葬便可以了。虽然，孝庄文皇后最后说的话与理不合，然而身为孙子的康熙亲耳领受皇奶的遗言，自然必须要遵守，于是便将孝庄皇后之灵柩停放在了东陵。直到雍正当皇帝的时候，方把灵柩移进东陵地宫安葬。

南明弘光政权的兵部尚书张煌言于《建州宫词》里也记述了如此一个事实：

上寿称为合卺樽，
慈宁宫里烂盈门；
春宫昨进新仪注，
大礼恭逢太后婚。

此事在那个时候很可能是人人都知道的，不然，张煌言也不可能如此写作。四川师范学院的图书馆里边还收藏着一部《皇父摄政起居注》的书，注文后边有刘文兴作的跋。跋言：

清宣统初年，内阁库坦妃，家君刘启瑞当时是阁读，奉命检阅库藏，得顺治时太后下嫁皇父摄政王诏。于是，这件事便在整个朝野传开了。

但是另一方面，20世纪30年代，明清史学大师孟森作《太后下嫁考实》，极力言说这件事根本是没有的。有些历史学者也认为张煌言的诗作实属文艺作品，可能是根据传闻而作，不可以作为太后下嫁的有力证据。而蒋氏《东华录》所记载的“皇父”，为清代皇帝对于哪位老臣的敬称，或者为清世祖福临封多尔衮当“皇叔父”之后，由于他的功劳太大了，但名位也高到了绝顶，没有什么可以封的了，便用“皇父”作封。对于皇帝来说，“皇父”还是臣下。而满族也有直接称年高有威望的长者为父的旧习俗，多尔衮前封“皇叔父摄政王”，满文直译是“汗(君)的叔父父王”，所以此并不能说明多尔衮就是顺治的皇父。

从上面这些事情可以看出，是不是真有“下嫁”这回事，现在谁也说不清楚，唯有等在历史研究工作当中有了新发现，才有可能破解这个谜。

无权欲不争名

对于太后临朝称制和垂帘听政这类事情，从上面那些章节当中可以看出在历史上并不少见。

很显然，孝庄文皇后也有多次机会可以垂帘听政。

顺治 6 岁登基做皇帝的时候，孝庄文皇后才 31 岁，刚好是她的盛年，有着旺盛的精力的时候。康熙 8 岁登基当皇帝的时候，孝庄文皇后是 49 岁，体质依旧很好，也有着更深的阅历，经验也更为丰富，真可以说是德高望重，她的一句话谁敢不听？尤其是康熙最初登基的时候，有个安徽的秀才叫周南，不远千里来至京城，就为了请求太皇太后能够垂帘听政。

但孝庄太后严词拒绝了，原因是清朝刚建国的时候曾经对历史上外戚干政造成亡国的教训作了总结，规定后宫不能临朝干政，当时孝庄虽然有足够的声望和资历临朝，然这个例子一开，可能将来就会贻患于后世。

所以她努力坚持了由大臣来辅政的体制，将朝政托付于四个德高望重的大臣，自己则全副精力地对小孙孙进行调教，来培养他驾驭全局的能力。

于平定三藩的战争当中，起至关重要作用的还是孝庄。

当康熙皇帝和大臣们一定要为她加上徽号的时候，孝庄却郑重道：

“从叛逆遘乱到现在已经八年了，皇上每时每刻都在为此劳心费神，所以能够取得这样的胜利，使国家安定。受尊号的应该是皇上，这样可以让臣民们安心。我常年身在深宫里，和外面相隔，受这样的尊号，心里也不舒服。这样的典礼不用再举办了。”

她把全部的功劳都归到了小孙孙皇上的身上。

戒奢从俭 仁慈为民

孝庄文皇后历来就反对奢侈,崇尚节俭。

她首先由自己做起,率先垂范。她自己宫里的器物损坏了,总是能焊则焊,能修则修,只要能用就坚决不换新的。

她的这一美德对整个宫廷都影响很大,当然对皇帝也影响很大。宫廷上下全部厉行节俭,使宫里的开支少得不能再少,为以前所未有。

大臣们在康熙二十九年正月,把那时候宫里的用人、用物和开支情况与明代作了一个比较:明代宫里每年用金花银是96万9400多两,现在已全部充饷;明代光禄寺每年送内所用各项银是24万多两,现在只3万多两。明代每年宫里用木柴是2686万多斤,现在只有六七百万斤。明代各宫床帐、舆轿、花毯等项每年用银是28200多两,现在都不用。唐太宗是唐朝的有道明君,然一次遣发宫女就有3000多人,其余则更有数千人可知。现在除了慈宁宫、寿康宫以外,乾清宫妃嫔以下使用的老媪、洒扫宫女,合计只有134人。

宫廷里节俭成这个样子,节省下来的银两都到哪里去了呢?

顺治十年七月,整日不停地下大雨,使得房屋倒塌,庄稼淹没,百姓无家可归,困难到了极点。为了救济百姓,孝庄文皇后把宫里省下来的8万两银子全部拿了出来。顺治十一年拿出4万两、顺治十三年又拿出3万两,全部用作救灾。孝庄文皇后在康熙十三年二月,又把宫里节省下来的银两拿出来,对平定三藩叛乱的出征兵丁进行奖赏。

孝庄文皇后做了18年皇太后、26年太皇太后,尤其是大清王朝到了康熙二十六年已逐渐强大。但是,她从没有想着要为自己建一处园囿来享乐。想避暑,也只能到塞外喀喇城一带;想休闲洗浴,也只能到赤城与遵化的汤泉,而且要长途跋涉。

孝庄文皇后如此的节俭,不但让皇宫的浪费之风大为改观,同时也让朝廷提高了威信,获取了人望。

精心抚育子孙成才

孝庄文皇后"独嗜图史",文化修养相当好。

她很清楚，要想当一个好的皇帝，就一定要拥有深厚的文化，对于上下古今都应该知道，对历史上朝代的兴衰原因也一定要有极为深刻的了解，只有这样才能将国家治理好。

对于顺治、康熙两代皇帝的文化学习，孝庄文皇后都极为重视，要求他们极为严格。

顺治当了皇帝以后，为了学习更加方便，就挑选了满汉当中最有学问的人为顺治当老师，在景运门内建立值班房，让翰林官晚上一直在那里值班以备皇帝顾问。顺治总是经书史策，从不释卷，以致读书太过劳累，曾经咳出血来。每次顺治去母亲那里请安，总是长时间地跪在母亲跟前倾听教诲。

康熙于祖母的管教之下，在很小的时候就知道发奋学习，很爱读书，也非常爱好书法，且对典籍也极为留心。竟然也和父亲过去一样太过劳累，痰中带血，但也并没有丝毫的懈怠。孝庄文皇后命自己的贴身侍女、极为聪明的苏麻喇姑对康熙学习蒙古文进行帮助。

因为孝庄的督导和影响，顺治与康熙的文化基础都打得极为牢固，给他们以后主政治理国家奠定了很好的基础。

对于顺治、康熙父子俩在用人、行政、管理国家上的能力，孝庄文皇后尤其注意培养和锻炼。她说：

"自古以来当皇帝就很难，苍生至众，天子以一身临其上，生养抚育，无不引领而望。必深思得众则得国之道，使四海之内咸登康阜，绵历数于无疆惟休。汝尚其宽裕慈仁，温良恭敬，慎乃威仪，谨尔出话，夙夜恪勤，以衹承乃祖考遗绪，俾予亦无疚于厥心。"

孝庄文皇后把这些话写于纸上，令康熙细心揣摩，来加深他对自己责任的认识。在孝庄文皇后的精心教导下，康熙认识到了作为帝王的大义之道，他于是命令儒臣对《大学衍义》一书进行翻译。成书之后奉予孝庄文皇后阅示。孝庄文皇后极为喜欢，进一步教导说：

"皇帝位居四海与臣民之上，关系重大。然而管理天下最重要的是在于勤恳；要想治理得兴旺发达，那就一定要先修己身。这些话很是重要，你一定要加编进去，令儒臣进行刊刻，然后务必要向诸臣进行颁赐，这样我心里便会很欣慰。做这样的工作需要一定的费用，我拿出一千两白金，可赐予做这些事情的官员们。"

孝庄文皇后对于儿孙在生活上的琐碎细节，甚至是一举手一投足，说每一句话，她全细心观察，逐步地加以诱导。假如他们有了进步和成绩，便及时给予支持和鼓励；假如他们有了缺点和毛病，她便及时给予教育和劝阻。康熙小的时候曾经染上了吸烟的不良习惯，孝庄文皇后知道以后，马上教育康熙，对他说明：

“以后你还是不要再吸烟了，吸烟不但对你自己的身体没有好处，还非常容易导致火灾，真是一点好处都没有。”

经过孝庄的劝导，康熙的烟瘾便从此彻底戒掉了。到他自己当了皇帝以后，还总是对臣下们的吸烟进行劝诫。

由于孝庄的教育，康熙从小便对于喝酒毫无兴趣，他很明白酗酒的危害性，因此，他对自己的要求总是“能饮而不饮”。即便是在节日及重大的喜庆之日，也只喝一小杯。

母子相依　祖孙情深

对于孝庄太后的教育和培养，顺治感激异常，他言道：

“朕从很小的时候，父皇就宾天而去，教训与抚养，只凭圣母皇太后。”

孝庄文皇后于顺治十二年，患了一场重疾，一直到岁末方痊愈。顺治看母亲的病真正好了，兴奋得亲自去天坛、地坛、太庙和社稷坛感谢上苍，且赏赐予八旗官兵与畿辅的贫民帑银10万两，对于奉侍皇太后的官员、侍卫、祝师、医生和兵丁、杂役人员都升官封爵，大行封赏。同时，高兴地说：

“大赦天下！大赦天下！”

顺治皇帝身染重疾将要大去之时，本来想立二儿子福全，但是孝庄看中的是已经出过天花的康熙，通过顺治非常信赖的外国传教士汤若望的说服，方转立康熙。

因此可以说康熙是孝庄一手扶起来的。

康熙八岁的时候登基，十岁的时候生母佟后病死，照看扶植他的是祖母孝庄太皇太后，因此祖孙两人的感情极为深厚。

太皇太后不仅对他的起居极为关心，还对他的说话和举止，全设了规矩，对他要求极为严格，有一点松懈，便会遭到祖母的严厉批评，绝对没有姑息的现象发生。

于太皇太后孝庄的精心教导下康熙沿着正确的帝王之道茁壮成长和发展。直到权奸鳌拜集团被铲除以后，太皇太后孝庄才大胆地放手让康熙理政，使他于真正的“战场”当中得到锻炼，并反复叮嘱他：

“在用人的时候，你要先想得全面一些、安全的时候一定不要忘了危险、要勤修武备……”

康熙对于皇祖母的教诲极为重视，在重大事情上都先征求皇祖母的意见，然后再施行。

于祖孙二人的携手努力下，大清王朝很快由动荡走向安稳，经济上也由萧条向繁荣迈进，给三藩的平定、台湾的统一及边疆用兵等大规模的战争打下了扎实的物质基础。

对于皇祖母，康熙更是感情至深。他曾经深情地对自己的皇子们追忆道：

“朕打自能学着走路学着说话的时候，就奉圣祖母的慈训，凡饮食、动履、言语，全有矩度，即便是在平常的生活当中相处，也教朕以罔敢越轶，稍有瑕渍便督朕改过，这样朕才得以成长。”

康熙还向大臣们言道：

“朕八岁的时候便遇父皇崩逝，十一岁之时又遭母后归西。二十余年来，皆靠圣祖母太皇太后的抚育和教训。现遽遭捐弃，五内俱焚。思念慈恩，无法报答。”

康熙于 1682 年春，前往盛京巡视，在路上差不多每天都让人驰书问候太皇太后的起居，告以自己的行程，还将自己在河中抓到的鲢鱼、鲫鱼脂封，令人送京为太皇太后尝鲜。第二年秋，康熙陪同太皇太后到五台山巡视，每遇上坡，康熙都要下轿，亲为老祖母扶辇以作保护。

孝庄太后于康熙二十六年十二月病危，康熙皇帝不分白天与黑夜都守候于榻旁，亲自奉汤奉药，且亲自带领着王公大臣们步行至天坛，向上苍祷告，愿折损自己生命来增加老祖母的寿限。

于诵读祝文的时候康熙情真意切涕泪交流，说：

“忆自弱龄，早失怙恃，趋承祖母膝下，三十余年，鞠养教诲，以至有成。设无祖母太皇太后，断不能致有今日成立，同极之恩，毕生难报……若大算或穷，愿减臣龄，冀增太皇太后数年之寿。”

但是谁也无法改变自然规律，是月二十五日，他的老祖母便行毕了她的人生旅程。享年七十五岁。

康熙为祖母上了极为尊崇的谥号“孝庄仁宣诚宪恭懿翊天启圣文皇后”。遵照她的遗言，康熙没有将她的灵柩运到盛京和清太宗葬在一起，而是于京东清东陵暂时安葬。

节俭爱夫的名后富察氏

名后小册子：富察氏(1712年—1748年)，乾隆帝爱新觉罗·弘历元配皇后，满洲镶黄旗人，她的父亲为察哈尔总管李荣保。经嘉庆、道光两朝加谥，全谥号是“孝贤诚正敦穆仁惠徽恭康顺辅天昌圣纯皇后”，简称“孝贤纯皇后”。

乾隆帝弘历为清代历史当中拥有后妃最多的皇帝之一。他和诸多后妃们的情感纠葛，被后来那些流言家、小说家、戏曲家极为感兴趣。经过他们大肆的夸张和渲染以及穿凿附会的编造，把乾隆皇帝塑造成了一位到处留情的风流天子形象。我们不晓得现实生活当中的乾隆皇帝是不是真的那样多情和好色。然而，他对孝贤皇后有着一生一世的爱与敬，却是无可争辩的事实。

名门好女 中宫贤后

富察氏是满洲的八大姓之一。自天命至顺治时候，富察氏的家族内人才济济，名臣辈出，替大清王朝建立了许多功勋。

早在天命时候，她的祖先旺吉努便领着全族人归附了努尔哈赤，于统一东北、创建帝国的连年战争里，都功不可没。她的曾祖父哈什屯在皇太极的时候因战功而被封为礼部副理事官，到了世祖福临的时候，官至内大臣，加太子太保。她的祖父米思翰于康熙玄烨的时候被任命为议政大臣，曾担任7年的户部尚书，手握全国的财政大权，他对康熙帝的撤藩政策极其赞成，康熙皇帝也极为器重他。哈什屯与米思翰都在乾隆十三年五月被追封作一等承恩公。米思翰的第四个儿子就是孝贤皇后的父亲李荣保，最高职位是察哈尔总管。马齐是她的伯父，于康、雍、乾三朝当保和殿大学士 23 年，时间的长久，在清朝是非常是少见的。马武是她的另一位伯父，当过都统、领侍卫内大臣，官居一品，位高权重，为朝廷不少出力，皇帝也很是倚重于他。

孝贤皇后出身在如此一个累世名宦高官家庭，因此很小的时候便拥有相当好的正统教育，懂礼，明义，且文化修养也相当的深厚，加上她天生丽质、文静、端庄，完全能够说是一位标准的名门好女、大家闺秀。

雍正皇帝于雍正五年的一次选秀当中，一眼便看上了 16 岁的富察氏。雍正皇帝打定主意要把此位名门闺秀嫁于早已内定为太子的皇四子弘历作嫡福晋。

雍正皇帝用他特有的心思好像已经感觉到了此位端庄秀丽文静的少女的素质能成为大清一代贤后。

雍正皇帝在此年的七月十八日于紫禁城西二所（重华宫）给皇四子弘历与富察氏举办了盛大的结婚仪式。这两个小夫妻结婚以后，相互敬爱，感情日浓，恩爱之极。

弘历登基当了皇帝以后，她便成了中宫的皇后。

当了中宫皇后的富察氏，对于后宫事务全面主管，应该说荣华富贵真是享之不尽，然而她很是懂得节俭之理，从来对于靡费铺张极其的反对，自己也以身作则。在平常的时间里，她根本不会佩戴金玉珠翠饰品，帽上插的也是极为普通的通草绒线做成的花，可见她是多么朴素的一位皇后。她总是说：

“皇宫里平时制作荷包、香袋等物品用金线、银线，浪费过大，就和暴殄天物差不多，必须想办法节省。”

有一天，乾隆皇帝在《清文鉴》一书中看到，满洲旧有的习俗里有用鹿尾绒毛搓成线代替金线绣在袖口的做法。那是因为满族在关外居住，生活条件太差的原因。乾隆帝作为平常的话讲给孝贤皇后听。讲的人无意，听的人有心。孝贤皇后很是感动。于是，以后她每年向皇帝进献的荷包全以鹿尾绒搓成的线缝制，简朴得很，来说明她永远不会将根本给忘了。对此，乾隆皇帝很是敬佩与尊重她。

孝贤皇后对公婆极为孝顺，总是问安、奉膳，很是遵守作为儿媳妇的规矩，公婆也很是喜爱于她，和公婆的关系极其的好。对待自己的丈夫，孝贤皇后更是感情真挚，体贴备至。那个时候，乾隆皇帝生了疖疮，非常厉害，好不容易才医治得慢慢好了，御医反复嘱咐一定要养够一百日，才能恢复元气。为了确保皇上真正休养，不遭外界之干扰，孝贤皇后便搬至皇上的寝宫外室暂居。对皇上尽心伺候了一百多日，直到皇上完全康复了，方回至自己的寝宫居住。

与此同时，孝贤皇后主持后宫不妒不偏，深明大义，也深得其他妃嫔们的敬重。

与帝东巡　猝死路途

孝贤皇后拥有着极其尊崇的地位与和谐幸福的家庭生活，她对此很是满足，且小心谨慎地维持着。但是，她所生的两个儿子的接连早逝却完全将她的阵脚给打乱了，彻底颠覆了她的精神，把她的心撕扯得粉碎。

乾隆帝于乾隆十三年二月初四日奉皇太后之命，和孝贤皇后一起东巡。这主要是皇太后看儿媳孝贤皇后由于丧子过于悲伤，想让他们借着拜孔庙、登泰山，游山玩水来排解一下孝贤皇后的伤痛。然而，谁也没有料到，孝贤皇后竟然由于伤心过度却死于路上。

东巡队伍在二月二十四日，来到山东的曲阜，拜谒了天下闻名的孔庙。次日，于孔庙举办了规模相当大的释奠典礼，这一日还参观了孔林，去少皇后夏朝冠皇后冬朝冠陵、元圣周庙致礼行祭。他们在二月二十九日，还攀上了东岳泰山。三月初四日，游览济南的趵突泉。三月初六日那一天，他们对历下亭进行了游览。三月初七日，重游趵突泉。乾隆帝于三月初八日，奉皇太后之命转向回京。

到达山东省边界的德州是三月十一日，他们弃车乘船，沿着运河由水路前行。这一天夜里亥时，孝贤皇后便突然病死在船上，只在这个世上活了37个年头。

乾隆帝马上把皇后病死的消息对皇太后进行了上奏，皇太后亲自去皇后他们的船上看视了孝贤皇后，很是悲伤。乾隆帝让主亲王允禄、和亲王弘昼，恭奉皇太后御舟慢慢地回京，自己则于德州对妻子的丧事进行料理。乾隆帝于三月十四日，护送妻子的灵柩到了天津。皇长子永璜跪在那里接驾。孝贤皇后梓宫于三月十六日未刻，达至通州，先于芦殿内安放。在京亲王以下、三品官以上的人员在通州齐聚。皇子阿哥们于孝贤皇后的灵柩前面祭酒，致哀行礼。就在这一日戌时，孝贤皇后的灵柩抵达京城。文武官员及公主、王妃、命妇、内府佐领内管领下妇女分班齐集，皆穿缟服跪迎。从东华门进苍震门，将灵柩安置于孝贤皇后生前居住之长春宫。孝贤皇后梓宫于三月二十五日先移往景山观德殿安放。

乾隆皇帝于乾隆十三年三月二十二日，颁发了一道赐谥大行皇后为“孝贤皇后”的谕旨。他于谕旨内，对皇后的一生给予了全面的总结与高度的评价，并讲了赐谥“孝贤”的原因：

皇后富察氏，德钟勋族，教秉名宗。作配朕躬二十二年，正位中宫一十三载。逮事皇考克尽孝诚，上奉圣母深蒙慈爱。问安兰殿，极愉婉以承欢；敷化椒涂，佐忧勤而出治。性符坤顺，宫廷肃敬慎之仪；德懋恒贞，图史协贤明之颂。覃宽仁以逮下，崇节俭以褆躬。此宫中府中所习知，亦亿人兆人所共仰者。兹于乾隆十三年三月十一日崩逝。睠惟内佐，久藉赞襄。追念懿规，良深痛悼。宜加称谥，昭茂典于千秋；永著徽音，播遗芬于奕禩。从来知臣者莫如君，知子者莫如父，则知妻者莫如夫。朕昨赋皇后挽诗有“圣慈深忆孝，宫壶尽称贤”之句。思惟孝贤二字之嘉名，实该皇后一生之淑德。应谥为孝贤皇后。所有应行典礼，尔部照例奏闻。

于通常情况下，赐予皇后谥号，先经皇上颁发谕旨，再经礼臣们拟出数字上奏，最后经皇上挑选钦定。但孝贤皇后的谥号，由皇帝直接赐予，不经大臣的拟定，可见乾隆皇帝对于孝贤皇后夫妻感情是多么的深厚。

“孝贤”二字，为皇后在世之时做人的目标。早在她崩逝的三年前的正月二十五日，皇贵妃高氏辞世，皇帝给她赐的谥号为“慧贤”。孝贤皇后流着眼泪对乾隆帝道：

“我朝后谥上一字全以‘孝’字。假如要给妾身以后谥‘贤’字,妾身一定会朝那个目标迈进,一定到时候名副其实。”

那时候孝贤皇后才34岁,乾隆皇帝认为皇后此话只不过是随便说说,因此当时也没有放在心上。皇后崩逝以后,让他忽然想起了三年之前的此段往事,乾隆皇帝禁不住很是伤感。于是便召见了那时候当刑部尚书的著名文人汪由敦,和他说了此事,令他写进祭文里面。汪由敦的祭文写成后是:

……尚忆宫廷相对之日,适当慧贤定谥之初,后忽哽咽以陈词,朕为欷吁而悚听。谓两言之征信,传奕禩以流芳。念百行以孝为先,而四德唯贤兼备。倘易名于他日,期纪实于生平。岂知畴昔所云,果作后来之谶。在皇后贻芬图史,洵乎克践前言;乃朕今稽古典章,竟亦如酬夙诺。兴怀及此,悲恸如何?

这一篇祭文,有着精当的叙事,委婉的文词,很是感动人,真不愧出自名家笔下。

两个嫡子接连夭折,贤后又猝然辞世,让乾隆帝极为悲痛,他心里很是烦躁,非常容易生气发脾气,无心国事。不少大臣官员,乃至皇子阿哥、宗亲都接连遭致他的严厉叱责,甚至是被他治罪。

天人永隔追思无限

和自己相濡以沫的妻子已经永远的离去,使自己再也没有办法感受她的温柔与体贴了,伤心的乾隆皇帝心里那块位置空了。他常常看着她活着时候所使用过的一些物品发呆……

孝贤皇后在世时所居住的寝宫是长春宫。乾隆皇帝为了长久地怀念爱妻,就让保持孝贤皇后在长春宫居住时候的原样,把孝贤皇后在世时所用的东珠顶冠及东珠朝珠于长春宫里供奉,还把孝贤皇后和已经归西的皇贵妃画像也供奉于此。每到腊月二十五日和与忌辰的时候,乾隆皇帝就会亲自来吊祭。如此延续了40余载,一直到了乾隆六十年方命撤掉,让别的宫妃们居住。

孝贤皇后于德州病逝时候所乘的御舟乾隆皇帝也运至京城保存。由于船体过大,而城门洞窄狭,无法通过。乾隆皇帝就想拆掉城门楼。那时候礼部尚书海望想出了一个好主意,也就是搭木架由城墙的垛口而过。木架之上无木轨，就把鲜菜叶铺满在木架上，这样可以润滑木架。由一千多壮士推扶拉拽,才把御舟顺利地弄到了城里边,这样就保住了城楼，也节省了许多人力和财力。这虽然为乾隆皇帝在极度伤悲之中的不太明智的作法,然足以见得他对孝贤皇后的感情是多么的炽烈。

乾隆皇帝为了表达自己对爱妻的敬爱怀念之情，亲自下笔作了一篇《述悲赋》。他用真挚的笔触,激情异常地记述了孝贤皇后在世时候的美德与丽行,句句哀伤,字字滴泪,极为感人:

影与形兮难去一,居忽忽兮如有失。对嫔嫱兮想芳型,顾和敬兮怜弱质。望湘浦兮何先徂?求北海兮乏神术。循丧仪兮怆徒然。例展禽兮谥孝贤。思遗徽之莫尽兮,讵两字之能宣?包四德而首出兮,谓庶几其可传?惊时序之代谢兮,届十旬而迅如。睹新昌而增恸兮,陈旧物而忆初。亦有时而暂弭兮,旋触绪而欷歔。信人生之如梦兮,了万事之皆虚。呜呼!悲莫悲兮生别离,失内佐兮孰予随?入椒房兮阒寂,披凤幄兮空垂。

嫡妻崩逝以后,原来的娴贵妃又被册立为新皇后,每当乾隆皇帝面对品貌皆佳的新皇后,就会马上引起他的嫡妻孝贤皇后思念。在诗里他说“六宫此日添新庆,翻惹无端忆惘然”。又道:“岂必新琴终不及,究输故剑久相投。”

乾隆皇帝在1754年五月,于前往盛京经过科尔沁的时候,看见了自己的皇三女固伦和敬公主。在宴席之上,乾隆皇帝看着自己24岁的女儿,就又想到了她的生身母亲孝贤皇后,内心当中又是一阵悲伤:

同来侍宴承欢处,为忆前弦转鼻辛。

由于富察氏是于济南城中患的病,数日之后便在德州崩逝,因此乾隆皇帝以后屡屡南巡，都不去济南城，他怕引起他的心痛。于诗里他明白地写道：

恐防一入百悲生。

乾隆帝总是想着孝贤皇后的死主要是因为连生二子，而二子又接连夭亡。为此乾隆皇帝常常悔恨，不该让她生这两个皇子。在他的内心里，皇后的性命要比两个皇子重要得多。他于即将送孝贤皇后梓宫奉移静安庄的时候的诗里写道：

凤晴逍遥即殡宫，感时忆旧痛何穷。
一天日色含愁白，三月山花作恶红。
温凊慈闱谁我代，寂寥椒寝梦魂通。
因参生死俱为幻，毕竟恩情总是空。
廿载同心成逝水，两眶血泪洒东风。
早知失子兼亡母，何必当初盼梦熊。

“梦熊”就是生男孩的意思。

乾隆皇帝于将送悼敏皇子奉移朱华山端慧皇太子园寝的一首诗里也写道：

一纾愤懑酹金卮，柳翣行将发引时。
此去想应兄待弟，都来何致母随儿。
试言邂逅谁能受，叠遇乖张命实奇。
不忍抚棺寄余恨，孩提莫道未全知。

打从孝贤皇后葬入裕陵之后，乾隆帝只要去东陵，就一定要到裕陵给孝贤皇后祭酒。按历史学家的统计，他总共是祭了17次。最终的一次是嘉庆元年三月初九日，他是领着刚当上皇帝的嘉庆一同前往的，这时候乾隆已经是86岁的耄耋之年了。至嘉庆元年，乾隆皇帝和孝贤皇后已经分离48个年头，然而乾隆皇帝依旧在努力追忆着孝贤皇后。

每次乾隆皇帝到这里来，全要写诗来追思；并且，乾隆皇帝所作的每一首诗，全要仔细亲笔抄写，还要把一些诗作制成好看的雕漆挂屏，到现在，清东陵文物管理处还保存着5块。